U0336123

路标

解｜码｜中｜国｜管｜理｜模｜式

中国管理模式50人+论坛 ● 著

机械工业出版社
CHINA MACHINE PRESS

图书在版编目（CIP）数据

路标：解码中国管理模式 / 中国管理模式 50 人 + 论坛著 . —北京：机械
工业出版社，2024.3

ISBN 978-7-111-75431-2

I. ①路… II. ①中… III. ①管理模式 – 研究 – 中国 IV. ① C931

中国国家版本馆 CIP 数据核字（2024）第 059200 号

机械工业出版社（北京市百万庄大街 22 号 邮政编码 100037）

策划编辑：李文静 责任编辑：李文静 崔晨芳
责任校对：韩佳欣 陈 越 责任印制：刘 媛
涿州市京南印刷厂印刷
2024 年 4 月第 1 版第 1 次印刷
170mm × 230mm·13.25 印张·3 插页·174 千字
标准书号：ISBN 978-7-111-75431-2
定价：99.00 元

电话服务 网络服务
客服电话：010-88361066 机 工 官 网：www.cmpbook.com
010-88379833 机 工 官 博：weibo.com/cmp1952
010-68326294 金 书 网：www.golden-book.com
封底无防伪标均为盗版 机工教育服务网：www.cmpedu.com

中国管理模式：使命担当

奋进新征程，扬帆再出发。党的二十大报告指出，"以中国式现代化全面推进中华民族伟大复兴"，鲜明昭示了中国共产党团结带领全国各族人民迈向新征程的使命任务。历史和实践充分证明，中国式现代化扎根中国大地，切合中国实际，这条道路不仅走得对、走得通，还走得稳、走得好。在新征程上，坚持以中国式现代化全面推进中华民族伟大复兴，一定能够不断创造新的发展奇迹，为发展自身和造福世界做出新的更大的贡献。

"以中国式现代化全面推进中华民族伟大复兴"的重点之一，就是传承中华优秀传统文化，加强企业主导的产学研深度融合，依托前瞻性的愿景、使命和战略，完善管理模式，引领科技创新，创造可以提升企业国际竞争力的经营新生态。这是因为，中华优秀传统文化是中华文明的重要组成部分，为推进中国式现代化提供了深厚的文化底蕴。在中国式现代化的新征程中，"要坚定文化自信、担当使命、奋发有为，共同努力创造属于我们这个时代的新文化，建设中华民族现代文明"⊖。显然，将中华优秀传统文化放在文明传承、时代进步和世界发展的大视野中进行观察，充分论证中国管理模式的必然性以及中国管理模式的独特性，正是当代中国管理学者和管理实践者的使命担当。

中国管理模式研究的使命

在推动中华民族伟大复兴的过程中，越来越壮大的中国企业正在发挥着重要作用，它们是推动我国建成现代化经济体系，是构建形成新发展格局战略目标的关键力量。《财富》发布的数据显示，2023 年，我国共有 142 家企业（包括香港、台湾地区的企业）上榜世界 500 强。我国的世界 500 强企业数量超过美国（124 家），继续位居各国之首。与此同时，我国在中小企业的培育方面也取得了喜人的成绩。据新华社报道，2023 年我国将深入实施优质企业梯度培育工程，力争当年全国专精特新中小企业数量超过 8 万家，计划培育 100 个左右中小企业特色产业集群。⊖

中国企业不断壮大的根本动力是科技创新"硬实力"和管理模式创新"软实力"。没有科技创新这样的"硬实力"，企业就难以建立起竞争优势；没有管理模式创新这样的"软实力"，企业就难以激发组织活力。科技创新和管理模式创新相辅相成、相互促进，共同推动企业实现高质量发展。

为了总结和提炼中国企业的管理模式创新"软实力"，2008 年，中国

⊖ 张贺，刘阳，王珏，等．坚定文化自信　努力建设中华民族现代文明 [N]．人民日报，2023-06-04（001）．
⊖ 王聿昊，高亢．今年我国将力争专精特新中小企业超过 8 万家 [EB/OL]．（2023-03-01）[2023-08-08]．https://www.gov.cn/xinwen/2023-03/01/content_5743991.htm.

管理现代化研究会与金蝶国际软件集团有限公司（简称"金蝶"）联合国内数家知名商学院（管理学院），以"让中国管理模式在全球崛起"为使命，发起中国管理模式杰出奖公益遴选活动。历经15年的发展，中国管理模式杰出奖已成为中国管理界最具影响力的奖项之一，与社会各界共同见证了中国的世界500强、"隐形冠军"等优秀企业的创新管理实践。

在过去的10多年里，诸如海尔集团、美的集团、三一集团、京东、青岛啤酒、小米、腾讯、温氏股份、方太等近百家获得中国管理模式杰出奖的企业不仅孜孜不倦地探索极具特色的中国管理模式，还取得了卓越的成就。为了探索中国管理模式的内涵和本质，我们采取多案例研究的方法对已经获得中国管理模式杰出奖的近百家企业进行深入对比分析，提炼出中国管理模式的模型和原则。《路标：解码中国管理模式》（以下简称《路标》）这本书是集体智慧的结晶，也是对中国管理模式初步研究的成果展现。之所以取名为《路标》，是因为"路标"不仅仅代表着探索的方向，更承载着对未来管理学发展的使命。有了"路标"，我们对未来的探索就不会迷失方向，就有了前进的动力。诚然，在中国式现代化发展进程中，管理学者和管理实践者当以设立探明方向的"路标"为己任。

中国管理模式的必然性

中国管理模式的产生有其必然性，主要包括三个方面：管理新时代的必然性、中华独特文化的必然性和中国经济发展的必然性。

首先，管理新时代决定了中国管理模式产生的必然性。当前，在时代变迁、科学技术范式变革、人性发展等各种力量的交互作用下，已经有100多年发展历史的管理学正在经历一次大的跃迁，出现了第四代管理学㊀，推动了第四次管理革命的兴起㊁。应当说，第四次管理革命的出现主要是由人工智能、区块链、云计算等新兴数字化技术推动的，传统的管理模式正在面临极大的挑战。在数字经济时代，基于线性思维的工业时代刻板管理模式不再适用，越来越多的管理学者和企业家认为传统科层制管理模式走到了尽头。应当说，"这是一个全球经济普遍迷茫的时代，也将是一个中国管理模式展现更大作为的时代"。㊂

其次，中华独特文化决定了中国管理模式产生的必然性。管理是一种文化的积淀和表现。任何社会和组织的管理，都不是无源之水、无本之木，其管理理念、方法、手段都是该社会和组织历史传承的产物，无论管理者还是被管理者，无不受到所在社会和组织文化传统的影响。㊃中华文化历史悠久，与西方文明有很大的不同，几千年来中国形成了独特的文化体系，儒家、道家、法家、墨家等各个学派的主张对今天的管理模式依然有着重要影响。我们发现，许多企业在探索中国管理模式时，都会从中华文化中汲取智慧和力量，并结合当下的时代背景，形成独具特色的管理模式。应当说，博大精深的中华文化是孕育中国管理模式的"肥沃土壤"。

最后，中国经济发展决定了中国管理模式产生的必然性。从管理学发展的历史来看，能够风靡世界的管理模式始终诞生于那些能够引领全球经济的国家或者地区。20世纪初，美国经济的崛起让福特模式大放异彩；20世纪80年代，日本经济的发展让丰田模式风靡全球；21世纪初，随着互联网经济的发展，以谷歌、亚马逊为代表的硅谷模式又成为世界企业学习

㊀ 陈劲，尹西明.范式跃迁视角下第四代管理学的兴起、特征与使命 [J].管理学报，2019，16（1）: 1-8.

㊁ 曹仰锋.第四次管理革命：转型的战略 [M].北京：中信出版社，2019.

㊂ 此处出自张瑞敏为《中国能超越硅谷吗：数字时代的管理创新》所作推荐序。

㊃ 苏勇.传统文化对中国企业家的影响及文化基础观构想 [J].中国文化与管理，2021（1）: 2-9，152.

的标杆；21世纪20年代，中国经济蓬勃发展，2022年中国国内生产总值（GDP）突破120万亿元，稳居全球第二。一些中国领先企业，比如海尔集团、阿里巴巴、腾讯、小米、京东、华为等在管理模式上实现了追赶和超越，获得了全世界管理学者的关注。[⊖]安妮卡·施泰伯在《中国能超越硅谷吗：数字时代的管理创新》一书中对比了中国企业和硅谷企业的管理模式后指出，中国毫无疑问已经是一个有自主创新能力的国家，在某些领域甚至已经在开展具有世界领先水平的创新活动，并掌握了世界领先的创新成果。[⊜]

中国向全世界提供的不仅是具体的技术和产品创新，还包括商业模式和管理模式的创新成果。

中国管理模式的独特性

2016年5月17日，习近平总书记在哲学社会科学工作座谈会上的讲话指出，"我们的哲学社会科学有没有中国特色，归根到底要看有没有主体性、原创性。跟在别人后面亦步亦趋，不仅难以形成中国特色哲学社会科学，而且解决不了我国的实际问题"。这一重要论述，为我们深入研究中国管理模式的内涵和本质指明了方向。在对中国管理模式杰出奖获奖企业研究的过程中，我们始终关注管理模式的"主体性、原创性"，以及管理模式在实践中的具体应用，以体现中国管理模式的独特性。

中国管理模式是在中国管理哲学指导下的现代管理科学在企业中运用的成功管理实践。中国管理模式的独特性在于它不断从中华文化之中汲取

⊖ 此处出自陈春花为《中国能超越硅谷吗：数字时代的管理创新》所作推荐序。

⊜ 施泰伯.中国能超越硅谷吗：数字时代的管理创新 [M]. 邓洲，黄娅娜，李童，译.广州：广东经济出版社，2022.

养分，是文化、理论与实践的结合。我们提出了中国管理模式三角模型，它包含三个层面：第一，中国管理哲学；第二，现代管理科学；第三，成功管理实践。尽管我们强调中华文化对中国管理模式的重要影响，但是，我们并不排斥西方文化对中国管理模式的影响。事实上，我们发现中国管理模式的核心建立在中学为体、西学为用、中西合璧、兼容并包的基础上。我们认为，中国管理模式就是以中国的人文、哲学、思想为主体，以西方的管理制度、流程、规则为手段建立起的一种中西合璧的经营管理模式。在中国管理模式三角模型的基础上，我们提出了中国管理模式的九项原则。三角模型和九项原则共同构成了我们对中国管理模式的整体认知。中国管理模式三角模型和九项原则是本书的"纲"，纲举目张，形成本书依次撰写的序列。第 1 章详细阐述中国管理模式三角模型，从第 2 章到第 10 章分别阐述中国管理模式的九项原则，第 11 章展示了中国管理模式 50 人 + 论坛（简称" C50+"）的部分成员对中国管理模式九项原则的系统性解读。关于中国管理模式的九项原则，简述如下：

第一项原则：敬天爱人，造福社会。

"天道"与"人道"在中华文化中占有重要地位。"《易》之为书也，广大悉备。有天道焉，有人道焉，有地道焉。""敬天"就是敬畏天道，敬畏规律，顺天而行。"人道"的核心是"仁"，而"仁"的本质是"爱人"。"仁者爱人"强调人与人之间的互爱。"敬天"是"爱人"的前提，"爱人"则是"敬天"的具体表现。正是出于对天道的敬畏，遵循天道，才要"爱人"，因此，"顺应民意"是"敬天"的体现，"爱人"是践行"敬天"的实际行为。

"敬天爱人，造福社会"这一原则在中国管理模式实践中的具体表现是：企业在经营与发展的过程中，应当遵循企业经营的客观规律，做符合规律的事；在经营中，要始终关爱员工，关心员工的福祉和利益，有满意的员工才有满意的顾客。同时，企业在发展自己的同时也要有"利他"思维，对社会的发展肩负起必要的责任，要时刻不忘回报社会，从而实现企业需求与社会需求、个人诉求与社会道德之间的动态平衡。

第二项原则：以人为本，以德为先。

儒家主张人本思想，"以人为本"是中国管理模式的核心原则。儒家的"仁义"理论，其本质就是肯定人的尊严与价值。儒家的"德治"思想认为"德"是一个人安身立命的前提，因此第二项原则强调"以德为先"。"以德为先"首先要求以德修己，其次要进行"德治"，即"为政以德"。"以人为本"与"以德为先"是相互促进的，"以人为本"把"人"放在首位，而"以德为先"正是践行"以人为本"的重要体现。

"以人为本，以德为先"这一原则在中国管理模式实践中的具体表现是：在企业经营中重视人与自然、人与社会以及人与人之间关系的和谐发展，重视企业人文精神的塑造，重视选拔德才兼备的管理者，为员工营造一个和谐的工作氛围，培养员工以企业为家的主人翁意识，使员工形成强烈的责任感和团队归属感。管理要把人放在第一位，管理要把提升人的价值作为终极目标，"人的价值最大化"始终是管理创新的出发点和归宿。

第三项原则：整体运营，和谐管理。

"天下将兴，其积必有源。"中华民族自古以来就注重从系统整体上思考世界本原和人生意义，认为万事万物都是普遍联系的，事物之间以及事物内部诸要素之间，是相互影响、相互作用、相互制约、相互转化的关系。⊖另外，"和谐"也是中华文化的核心理念，它贯穿个人修养、国家治理、社会建构等各个层面。"君子和而不同，小人同而不和。"儒家认为，

⊖ 熊文景．系统观念与中国传统哲学思维的契合点 [N]．光明日报，2022-05-09（15）．

若要有君子之修，必须善于兼听各种声音，协调各种关系。"天地与我并生，而万物与我为一"，道家也非常强调和谐，认为天地万物与"我"之间是一种共生共存的关系，即物我相通，和谐如一。从系统整体思维和和谐共生的哲学思想看，"整体运营，和谐管理"是中国管理模式的一个重要原则。

"整体运营，和谐管理"这一原则在中国管理模式实践中的具体表现是：整体运营是把经营、管理、运营三者结合起来，围绕着企业的人、财、物三大要素进行有机化、系统化运作的模式。整体运营真正从战略制定、路径分解、战术执行、循环运作等方面实现了系统化的持续循环运转。和谐管理就是要系统构建共生的生态系统，通过打破边界、融合、平衡、边缘创新等方式实现共享、共生等效应，并通过促进局部效应的扩散、反馈、指数型放大等实现生态系统效应。

第四项原则：中西兼容，古今相通。

"兼收并蓄"是中华文化的核心特征，《道德经》第四十一章提出了"上德若谷"的思想，彰显出中华文化的包容性。"中西兼容，古今相通"是中国管理模式的重要原则之一。中国管理模式兼容中西管理思想精华，贯通中国古今管理智慧，博采众长，兼收并蓄。正所谓："各美其美，美人之美，美美与共，天下大同。"中国管理模式的终极使命就是推动建立人类命运共同体，实现"天下大同"。

"中西兼容，古今相通"这一原则在中国管理模式实践中的具体表现是：建立兼收并蓄的企业文化，打破狭隘的民族文化观、地域文化观，博采众长，广泛包容来自不同文化背景下的理念，借鉴不同国家的优秀管理经验，吸收来自组织内部、外部的建议。同时，要充分注意文化的时代性，不盲目照搬、照单全收，而是充分吸纳中华传统文化的精髓，并结合当前具体的时代背景和管理情境来制定管理制度。

第五项原则：经营协同，价值共生。

中华文化的核心与真谛在于"和合"，中国管理思想中"和"与"合"的哲学思想和理念，有利于处理人与人之间的利益冲突和矛盾。㊀基于"和合"的哲学思想，我们认为"经营协同，价值共生"是中国管理模式的一个重要原则，"和合"文化不仅是中华文化的宝贵遗产，还是协同共生模式的智慧之源。经营协同是价值共生的前提，价值共生是经营协同的结果。提升企业整体效率先要经营协同，通过经营协同整合各种资源，进而通过价值共生提升为客户创造价值的能力。

"经营协同，价值共生"这一原则在中国管理模式实践中的具体表现是：企业在数字经济时代需要重新思考组织效率的新来源，既要通过分工、分权、分利提升组织内部的效率，又要通过开放边界、共同成长获得外部的效率，从而利用协同效应实现系统效率的最大化。同时，企业需要意识到价值再也不是由企业单独创造的，而是由顾客和企业共同创造的，顾客更加关注自身体验。因此，企业为了更好地创造顾客价值，必须协同各种外部资源，让顾客有更好的体验，并打破组织价值创造的边界，强调互为主体、共创共生，利用价值共生延伸价值创造网络的广度并拓展其深度。

第六项原则：以势求变，稳健成长。

"势"这一概念在中华文化中占有重要地位，《孙子兵法》论述了求"势"对取胜的重要作用，"故善战者，求之于势，不责于人，故能择人而任势"。中华文化对"势"的哲学思考体现了主观感知性，中华文化里的"势"强调的不仅仅是客观存在，更是人们对运动事物彼此依赖性的主观感知。当感知到形势有利时，组织为了抓住机会会采取应势策略；当感知到形势不

㊀ 黄如金.和合管理：创新中国管理科学的探索 [EB/OL].（2006-05-29）[2023-08-08]https://www.gmw.cn/01gmrb/2006-05/29/content_424191.htm.

利时，组织通过造势来调整形势，进而创造有利的形势。因此，"以势求变，稳健成长"是中国管理模式的重要原则之一，通过对"势"的管理，[一]企业可以不断求变，从而推动企业在动态的环境中实现稳健成长。

"以势求变，稳健成长"这一原则在中国管理模式实践中的具体表现是：组织变革一方面受到管理策略影响而具有主动性，另一方面受到环境变化制约而具有被动性。企业在变革过程中一定要认清"形势"，需要审时度势，认识到"形势大于人"。当形势有利时，企业可以借势而为；当形势不利时，企业需要谋定而后动，不要轻易采取行动。管理者要学会在正确的时间做正确的事情，需要整体考虑环境可能发生的变化，从而发现最有效的行动方案，并在此基础上展开积极主动的变革，唯有如此，才能推动企业稳健成长。

第七项原则：善抓机遇，敏捷转型。

在道家思想中，天地万物都有其发展规律和变化的契机，而"机"就是天地万物存在的根据和变化的原因。儒家也非常重视机遇对一个人事业的重要性，"必也临事而惧，好谋而成者也"，善于谋划和把握机遇的人才能够成功。由此可见，善抓机遇对于企业持续增长而言异常重要。机遇就是有利形势，它存在于企业生存发展的环境之中。[二]"善抓机遇，敏捷转型"是中国管理模式的重要原则，善于抓住时代的机遇是成功的必然要素，而在多变动荡的环境中，只有在抓住机遇的同时做到敏捷转型才能够持续塑造竞争优势。

"善抓机遇，敏捷转型"这一原则在中国管理模式实践中的具体表现是：

　　[一] 井润田. 组织变革管理：融合东西方的观点 [M]. 北京：科学出版社，2020.
　　[二] 段云龙，余义勇，张颖，等. 创新型企业持续创新过程重大机遇识别研究 [J]. 管理评论，2017，29（10）：58-72.

企业要密切关注外部环境的变化，抓住时代的机遇，创新商业模式，不断寻找新的增长点；同时，利用敏捷转型，通过从行为、思想到文化的敏捷，逐步提升组织的敏捷性，提高组织适应外部变化的能力，使组织不论面对危机带来的动荡还是面对机遇下的转变，都能够沉着应对，高效运作，从而推动企业持续成功。

第八项原则：创新赋能，战略韧性。

"穷则变，变则通，通则久。""苟日新，日日新，又日新。"中华文化中处处都体现着"变化"和"创新"的哲学思想。变化是宇宙的根本规律，运动是世间万物永恒的存在形式。"革故鼎新"是《周易》中的重要思想，"革"，指的就是"变革"，不破不立，唯有铲除旧的才能建立新的；而"鼎"，是用来承接"革"的结果的，因此意为"更新"。唯有不断求变和创新，才能够在多变的环境中提高战略韧性（战略韧性是指企业或组织在面对外部环境变化时，保持稳定和持续发展的能力），而只有不断提升战略韧性才能够保持企业发展的柔性，使企业在面临外部动荡的环境时，依然能够保持内部的稳定和谐。因此，"创新赋能，战略韧性"是中国管理模式的一项重要原则。

"创新赋能，战略韧性"这一原则在中国管理模式实践中的具体表现是：面对易变、不确定、复杂且模糊（VUCA）的环境，企业需要具备快速感知和响应变化的能力，而唯有快速学习与引领创新，才能有超前的知识与技术储备来应对变化。创新赋能，就是为企业不断注入活力，开辟新的发展道路。通过创新，为企业和组织注入新的动力和能力，从而提高其竞争力。创新和赋能是相互关联、相互作用的过程。在数智化时代，企业要着力打造赋能型组织，即让员工拥有更多的自主性，让员工充分参与经营管理，使企业保持更大的弹性，成为一个更灵活的组织。增强自身战略韧性是企业的重要任务，因为只有根植于韧性基因，企业才可以及时识别威胁，规避风险，同时迅速把握机遇，借机成势。而战略韧性体系的构建是一个连续的过程，在商业环境高度不确定的今天，构建战略韧性体系有助于企业获得持续竞争优势。

第九项原则：顺应天时，尽显地利。

在中华文化中，"天时"和"地利"是预示成功的两个要素，它与道家哲学和儒家思想密切相关，强调个体与整个自然体系息息相关。孟子说："天时不如地利。"天时与地利相互关联、相互作用，天时，代表的是宇宙的力量，是宇宙运行的规律；地利，指的是所处的环境。"顺应天时，尽显地利"是中国管理模式的一项重要原则。"天时"就是战略管理的时与势，顺应天时就是顺应大势，把握时机。"地利"就是战略管理的外部条件，这种条件构成了对特定战略的支撑，尽显地利就是要为战略的执行整合相应的资源和有利因素。

"顺应天时，尽显地利"这一原则在中国管理模式实践中的具体表现是：管理者无法改变"天时"，而必须根据"天时"变化，制定相应的管理策略，企业需要对外部环境进行分析，判断企业进入市场或者抢占市场的最佳时机；管理者需要利用地利来实现经营目标。企业可以从产品、客户、产业等多个维度打造竞争优势，构建自身地利，从而取得成功。

总之，一个国家的文化特征会影响企业的管理模式，中华文化的独特性催生出独特的中国管理模式。基于对多家中国管理模式杰出奖获奖企业的案例研究，结合中华文化，我们提出了中国管理模式三角模型以及以上九项具体的原则，这些原则相互支撑、相互促进，共同构成了我们对中国管理模式整体的认知。

著名历史学家许倬云认为，文化是一系列的理念。你可以称它为智慧，而智慧建立在知识之上……知识提升到更高层次才是智慧。仅凭个人的智慧是不够的，许多人的智慧合在一起才能构成文化的潮流。在文化潮流的进展中，还要让它永远开放、不断修改，而不是走到尽头、走到终点站。到终点站的时候就是我们下车的时候。这列列车要继续往前开，必须要保持文化的动力。[⊖]

数千年来，中华文化蓬勃发展，保持了强劲的文化动力，这在很大程度上得益于中华文化的高度包容性和开放性，它容许不同的东西共同存在。在中华文化里，承认差异是常态，同中要有异，异中要有同，而且差异可以调和，差异可以共存，正是这种海纳百川的特质造就了灿烂的中华文明。

独特的管理模式是文化独特性的一种体现，世界上没有完美的模式，只有不断进化的模式。随着文化潮流的风起云涌，管理模式亦会不断创新发展。管理研究者就像行走在管理旅程中看不到尽头的旅行者，在探索的道路上不断记录自己的所见所闻、所思所想。我们深深地意识到，只有在探索的道路上不断反思，不断改变，不断适应，才能不断进化。

美国加州大学洛杉矶分校贾雷德·戴蒙德教授在其畅销著作《枪炮、病菌与钢铁：人类社会的命运》一书中写道："历史绝对不像某个怀疑者说的那样，是'没完没了的事实'。历史的确有普遍的模式，解释那些模式，不仅能生产慧见，也是个令人着迷的事业。"[⊜]

我们深信，管理存在普遍的模式，中国独特的传统文化和独特的经济模式一定会孕育出独特的中国管理模式，探索和解释中国管理模式的内涵与原则是一个"令人着迷的事业"。我们心无旁骛，孜孜以求，我们将"以

⊖ 许倬云.许倬云十日谈：当今世界的格局与人类未来 [M].冯俊文，整理.广州：广东人民出版社，2022.

⊜ 戴蒙德.枪炮、病菌与钢铁：人类社会的命运 [M].王道还，廖月娟，译.北京：中信出版社，2022.

中国管理模式推动中国企业的进步"视为我们的使命。

当然，管理学原理不是抽象的概念，而是对管理实践具象的高度凝练的表达，是管理实践中具有普遍意义的基本规律。探索这些基本规律，需要管理研究者"下沉"，深入到管理实践之中，通过系统地调查研究，详尽地分析材料，以问题为导向，在管理实践中提炼管理学原理，进而指导管理实践，逐步形成学术体系。[⊖]

鲁迅在《故乡》的结尾深情地写道，"我在朦胧中，眼前展开一片海边碧绿的沙地来，上面深蓝的天空中挂着一轮金黄的圆月。我想：希望是本无所谓有，无所谓无的。这正如地上的路；其实地上本没有路，走的人多了，也便成了路"。

《路标》只是我们研究的起点，而不是终点。今天，我们开启了中国管理模式研究之路，也期待更多的学者和企业家一起参与进来，与我们共同探索中国管理模式的学术体系，共同寻找中国管理模式的本质，一起向世界讲好中国管理模式的故事。

⊖ 王方华.守正创新中国管理学学术体系 [J].上海管理科学，2022，44（6）：2.

目 录

第1章

源于实践的中国管理模式

在中国管理领域，对于中国管理模式的研究一直是学界、业界的热点，它是探索中国管理创新、增强中国管理能力、提升中国企业组织生命力与竞争力的管理研究与实践的重要课题。中国管理模式是具有时空情境与对象范围，并在中国管理思想（哲学与文化）指引下形成与构建的合乎规律并可切实提升企业经营管理效能的、可重复应用的相对稳定的结构系统。它包括管理架构、制度设置、实践方法论以及技术方法等。中国管理模式的核心建立在中西合璧、兼容并包的基础上，是以中国的人文、哲学、思想为主体，并吸收西方治理中现代化管理科学，形成哲理相融、道治结合、知行合一、务实有效的经营管理模式。

1.1　管理模式与中国管理模式内涵

1.1.1　管理模式及其要素

欲厘清中国管理模式，需要明确"管理模式"的内涵与要素，这有助于抓住中国管理模式的核心要义。从人类学习与进步历史来说，探索找到稳定可以参考的标准或范型，向成功的榜样、范例学习乃至超越它们，是个人走向成功、社会发展进步和文化传承非常重要的路径，这本身也是人类适应社会、追求成长的一种"发展模式"。

在管理领域，"管理模式"一直是学界、业界非常重视的探索管理创新、增强管理能力、提升组织生命力与竞争力的管理研究与实践课题。那么，什么是管理模式？国外文献对此研究往往都是在结合某一管理要素或案例企业来进行的，关注其客观存在，却对其内涵的专门探讨较少[⊖]，例如福特制、丰田制、7S 模式、波士顿矩阵等。国内对管理模式内涵的讨论则非常丰富，因认识的角度与关注的重点不同，对此概念的内涵揭示呈现多义性。早在 20 世纪八九十年代，已陆续有学者对此展开探讨。例如，吴长云（1992）认为管理模式是企业管理实践活动的一种抽象，这种抽象是一系列完整而又保持相对独立的若干个不同内容管理模式的系统、样板[⊖]；刘光起（1997）认为管理模式是根据企业管理理论，为一部分性质、规模相近的企业设计的一套有严密性、可操作性的综合管理体系[⊜]；马洪和孙尚清（1989）认为管理模式是一种实现企业资源向产品和服务转换的系统化指导与控制方法[⊗]。21 世纪以来，对管理模式内涵探讨的文献依然非常丰富。比如郭咸纲（2003）提出管理模式是将一种或一套管理理念、方法、工具反复地运用于企业的日常活动中，包括管理理念、系统结构、操作方法[⊛]；徐金海（2005）认为企业管理模式是对企业组织结构、管理方式、组织文化等特征的抽象和总结[⊗]；赵普（2007）在整理分析有关管理模

⊖ 刘涛 . 企业管理模式演化机制研究——基于惯例分析的视角 [D]. 北京：首都经济贸易大学，2014.

⊖ 吴长云 . 企业管理模式概念刍议 [J]. 求索，1992（5）：19-21.

⊜ 刘光起 . A 管理模式 [M]. 北京：企业管理出版社，1997.

⊗ 马洪，孙尚清 . 经济与管理大词典 [M]. 北京：中国发展出版社，1989.

⊛ 郭咸纲 . G 管理模式：决定企业成功的七种管理模式 [M]. 广州：广东经济出版社，2003.

⊗ 徐金海 . 企业管理模式选择机理：基于信息的理论解释 [J]. 学海，2005（6）：144-147.

式的概念时，认为以前管理模式从静态方面来界定，而实际上管理模式是动态变化的，由此将其定义为企业经营管理的互动结构[⊖]；刘涛（2014）对管理模式内涵做了比较系统的梳理后提出管理模式是在一定的时空条件和管理情境下，企业为保证其他各类活动的开展及效率而在决策、组织、领导、控制等方面采取的可重复使用的、相对稳定的且能为其他组织所借鉴和模仿的运行方式、方法和手段[⊖]。

综合对以往管理模式内涵的梳理，结合"中国管理模式杰出奖"长期对国内领先企业优秀管理实践的关注与评选，我们提出管理模式是具有时空情境与对象范围并在管理思想指引下，企业提升经营管理效能的可重复应用的相对稳定的结构系统，它包括管理架构、制度设置、实践方法论及技术方法等。根据这个概念界定，管理模式的内涵包括以下四个方面：

其一，管理模式无论其产生还是应用，都有时空情境与对象限定。没有放之四海而皆准与永不过时的管理模式，我们既要看到管理模式抓住了企业管理某些本质规律，形成了相对稳定有效的管理结构与机制，具有相对不变性，又要看到管理模式中结构与机制是基于企业的产业特征、自身条件与能力、所处环境、组织情境等历史及现实因素所生成的，也必然随着这些因素的不同或演化而呈现必然的可变性，所以管理模式具有时空情境与对象范围适应性并且是动态变化的。

其二，管理模式中具有首要性的要素是管理思想。管理思想是企业与企业家对德鲁克三问——"我们的事业是什么？我们的事业将是什么？我们的事业应该是什么？"的抽象化的哲理思考，是它们在一定文化土壤与商业土壤中生长、适应、发展所形成的稳定的"三观"，是对企业存在本质的"灵魂追问"的体现。

⊖　赵普.企业管理模式变革路径选择与组织知识效度的相关性研究 [J].科技管理研究，2007（12）：221-224.

⊖　刘涛.企业管理模式演化机制研究——基于惯例分析的视角 [D].北京：首都经济贸易大学，2014.

其三，管理模式是一套相对稳定的结构系统。管理模式是对企业各个业务范畴运作、具体经营活动和反复验证的成功经验的抽象化提炼，它必然剥离许多具体的生动的管理细节，简化过程管理的要素，寻找具有贯通性、科学性、共识性、可重复性的经营管理要素及其结构关系（机制）。当然，作为结构系统的管理模式的抽象度可以存在差异。如果结构系统的适应范围更广、适用时间更长，其抽象度会更高。反之，如果结构系统适用相对具体领域、具体时段或具体问题，其抽象度则相对较低而具象度更高。这也是管理模式进行界定时存在差异的重要原因之一。

其四，管理模式从其内容表达来说，我们认为它至少应包括管理架构、制度设置、实践方法论及技术方法。管理架构涉及的是模式的管理思想（理念、文化或哲学）、要素及其联系，它可以是管理要素的原理或原则的结合；制度设置则是体现管理架构及支撑架构实施的整体性的制度、规范；实践方法论及技术方法则是体现管理模式可行性甚至实操性的具体制度、流程、技术、方法、惯例等，需要说明的是，对抽象度高的管理模式来说，实践方法论及技术方法可能比较简约，其实操性并不一定那么明显。

管理模式应包括哪些要素，学界对此也有许多观点，形成各具特色的管理模型。例如，彼得斯与沃特曼这两位麦肯锡公司的前管理顾问提出企业组织管理的 7S 模式，他们认为，公司战略（Strategy）、结构（Structure）、制度（Systems）三个硬管理要素和人员（Staff）、风格（Style）、技能（Skills）、共有的价值观（Shared Values）四个软管理要素都做好了，企业才能管理成功。威廉·大内提出管理模式包括雇佣体制、员工评价与晋升、控制、决策、企业与员工的关系等要素，并由此提出 A 模式、J 模式和 Z 模式的分类方法。柯林斯和波勒斯通过对通用电气、3M、默克、沃尔玛、惠普、迪士尼等 18 家长盛不衰的美国公司的深入分析，提出管理理念、目标制定、企业文化与愿景、管理者培养与选拔、管理制度构成美国卓越企业管理模式。[一]郭咸刚（2003）在其提出的 G 管理模式中，认为管理模式是由企业创新、组织结构、战略、决策、营销、人力资源等 12 个子模式构成。[二]叶国灿（2003）[三]和王念淇（2005）[四]认为管理模式由结构要素和支撑要素组成，其中，结构要素为企业文化和经营理念、管理技术、管理体制和规章、决策及领导体制四个方面，支撑要素为人的素质、产品技术、企业目标和目标市场。徐金海（2005）认为企业管理模式是对企业组织结构、管理方式、组织文化等要素信息的抽象和总结。[五]李伟阳和肖红军（2010）提出基于管理框架、管理目标、管理对象、管理价值和管理机制五要素构成的社会价值目标管理模式。[六]

回溯对企业管理模式要素代表性观点，不同学者对管理模式要素认识差异较大，并由此形成不同的结构模式。一些管理模式更注重从管理职能及其相关的经营要素方面来具象地分析提炼管理模式，如 7S 模式、威廉·大内提出的管理模式、郭咸纲的 G 管理模式等；一些管理模式更注重从管理宏观层面与管理结构关系方面来抽象化地提炼管理模式，如柯林斯和波勒斯的卓越管理模式、徐金海的信息视角的管理模式、李伟阳和肖红军的社会价值目标管理模式等。当然，还有的管理模式试图将两者结合，如叶国灿和王念淇的结构要素与支撑要素结合的管理模式。具象化的管理模式要素选择更有助于各个企业具体的实践，但不容易抓住千差万别的企业之间的管理本质关系，而抽象化的管理模式要素选择因抽象程度较高易于贴近企业之间的管理本质关系，更有助于跨越地域、国家、民族之

[一]　柯林斯，波勒斯 . 基业长青 [M]. 真如，译 . 北京：中信出版社，2019.
[二]　郭咸纲 .G 管理模式：决定企业成功的七种管理模式 [M]. 广州：广东经济出版社，2003.
[三]　叶国灿 . 企业管理模式的创新趋势 [J]. 管理世界，2003（12）：146-147.
[四]　王念淇 . 现代企业管理模式及其实践 [J]. 统计与决策，2005（19）：147-149.
[五]　徐金海 . 企业管理模式选择机理：基于信息的理论解释 [J]. 学海，2005（6）：144-147.
[六]　李伟阳，肖红军 . 全面社会责任管理：新的企业管理模式 [J]. 中国工业经济，2010（1）：114-123.

间的企业管理模式之比较分析，但其对企业具体实践的操作性应用则有所欠缺。在探究中国管理模式时，更强调从宏观、整体层面来认识管理模式本质结构。本质结构统摄各种具体管理范式/模型的内涵，但并不忽视具象化的管理模式要素，反映管理模式的方法论和路径，从而体现为案例企业的具体管理范式/模型。

1.1.2　中国管理模式内涵

厘清管理模式的内涵要义，有助于我们认识和理解中国管理模式。中国管理模式，也有许多人称之为中国式管理，在21世纪以来引起关注，近年来随着中国经济日益发展，特别是中国企业在全球产业竞争中的崛起，探讨中国管理模式，"让中国管理模式在全球崛起"成为国内外关注的热点主题。中国管理模式，是在地理范畴的世界和管理学科范畴的世界中的管理模式之一，是中国文化圈内各种较为成熟的管理样式的集合化、系统化的归集或总称。

在研究与咨询中，已经有许多成果从不同角度尝试揭示这一模式的庐山真面目，例如郭咸纲、刘光起、李伟阳和肖红军等提出其思考的管理模式，还有许多有代表性的学者提出自己的认识——中国管理模式的内容/类型。例如，华人学者成中英教授提出的C理论；基于中国哲学，特别是《周易》的哲学思想，提出的人性管理和理性管理相互结合、整体系统理论、整体系统理论的决策、时中性及其管理决策应用、整体系统适时运用的C原则⊖。曾仕强先生是国内咨询界提出和推行中国式管理的知名人士，他的中国式管理总体上可概括为"修己安人"管理模式，关注人性和领导者中道管理，认为管理是修己安人的历程，起点是修己，终点是安人，在

⊖ 成中英，晁罡，姜胜林，等.C理论、C原则与中国管理哲学[J].管理学报，2014，11（1）：22-36.

合理中追求圆满，领导者可凭借努力，将自己的品性、为人修炼得趋于圆满，使凡是与自己共事的人都可以工作安心，处事安定，生活安家，通过"仁"之道、"义"之道、"礼"之道最终达成人性向善，在实践上通过"情、理、法"的运行来实现"仁、义、礼"的修己安人之道。[一]管理学者陈春花直面中国管理实践，长期扎根企业的竞争一线经营实践，关注中国企业特别是领先企业成长与管理实践，认为要形成"中国式管理"应具有"中国企业的实践成效、对实践中重大问题的认识和对于中国理念和人文精神的体认"，并在《领先之道》和《中国领先企业管理思想研究》中提出"中国本土领先企业持续成功模型"和领先企业的"和变用"管理实践模型，基于智能互联时代企业数字化转型与数智管理趋势提出"协同管理"的理论与应用指导。[二]管理学者席酉民提出的"和谐管理"理论与模式是国内有比较完整的理论结构和实践模式的管理模式之一，和谐管理基于其对西方科学哲学与中国人"整体论"思维优势的结合，形成了一套以"和谐主题""和则""谐则""和谐耦合""和谐心智"等构成的理论体系与实践对策，和谐管理指出企业或组织综合考虑内外部环境、未来趋势以及资源来确定发展的愿景与使命，用"和则"的"能动致变"解决具有高度不确定性的管理问题，用"谐则"的整体优化来提升组织架构的有效性、工作流程与制度，通过"和谐耦合"动态调整"和则"与"谐则"应对复

[一]　曾仕强 . 中道管理 [M]. 北京：北京联合出版公司，2014.
　　　曾仕强 . 中国式管理 [M].2 版 . 北京：中国社会科学出版社，2005.
[二]　此处参考文献包括但不限于：
　　　陈春花，赵曙明，赵海然 . 领先之道 [M]. 北京：机械工业出版社，2014.
　　　陈春花 . 中国本土行业领先企业成功模型 [J]. 管理学报，2008（3）：330-335.
　　　陈春花 . 论形成"中国式管理"的必要条件 [J]. 管理学报，2010，7（1）：7-10，16.
　　　陈春花，乐国林，曹洲涛，等 . 中国领先企业管理思想研究 [M]. 北京：机械工业出版社，2014.
　　　陈春花 . 组织与文化管理 [M]. 广州：华南理工大学出版社，2018.
　　　陈春花，朱丽 . 协同：数字化时代组织效率的本质 [M]. 北京：机械工业出版社，2019.
　　　陈春花 . 组织的数字化转型 [M]. 北京：机械工业出版社，2023.

杂管理问题。[⊖]王汝平基于中华文化提出 C 管理模式[⊜]，后进一步实践探索提出"经营罗盘模型"，认为企业是以人的"心、性、情"为出发点，开展各项生产经营活动，经营企业就是经营人心，管理企业就是管理人性，基于中国的"五行"说提出经营罗盘五维模型，即"势、道、术、器、利"的企业经营的系统观[⊜]。

关于中国管理模式内容要素的论述，多数偏向具象化，相对而言，成中英的 C 理论及模式更具抽象化，除了成中英的 C 理论外，齐善鸿结合老子思想与管理科学提出的"道本管理"、黄如金结合儒道思想提出的"和合管理"也具有较强的抽象化模式表述倾向。虽然各学者的中国管理模式内容要素差别比较大，但我们仍然可以从更宏观的层面找到这些模式之间共同的结构要素，例如，这些模式凸显中国管理哲学与传统文化对我国企业管理运作的核心价值，强调对民心、人本（人性）的重视，注重管理理念、原则与方法合乎科学、有规可循。值得提及的是，近年来探讨中国管理模式，特别是具象化的管理模式，都来自实践、映射实践和实践有效作

⊖ 此处参考文献包括但不限于：

席西民，熊畅，刘鹏 . 和谐管理理论及其应用述评 [J]. 管理世界，2020，36（2）：195-209，227.

席西民，韩巍，葛京，等 . 和谐管理理论研究 [M]. 西安：西安交通大学出版社，2006.

席西民，刘鹏，孔芳，等 . 和谐管理理论：起源、启示与前景 [J]. 管理工程学报，2013，27（2）：1-8.

⊜ 王汝平 . C 管理模式 [M]. 成都：四川人民出版社，2009.

⊜ 此处参见：

王汝平 . 基于经营罗盘模型的企业五大经营能力相互作用关系研究 [J]. 企业改革与管理，2020（6）：3-4.

王汝平 . 新时期企业顶层架构设计模型构建研究——基于经营罗盘模型 [J]. 中外企业家，2020（12）：68.

需要说明的是基于中华文化与管理哲学，提出管理的"罗盘模式"的还有李昆，他的"罗盘模式"以向、位、度、易、衡为基本理念，包括五大内涵、七大要素、四大系统、二十五个子模式，参见：李昆 . 中国式企业管理模式创建研究 [J]. 南京社会科学，2009（7）：37-43.

为构建、提炼中国管理模式的核心要求之一。

　　在中国管理模式内涵与模型的探讨上，"C50+"进行了卓有成效的实践探索，并长期通过遴选国内具有模式特征、创新价值突出、经营成效突出的优秀企业案例来总结、提炼和推广中国本土管理实践，"让中国管理模式在全球崛起"。"C50+"在企业家与专家的无数次碰撞，以及长期的探索总结基础上，进一步提出对中国管理模式内涵的理解，并认为中国管理模式是在中国管理哲学指导下的现代管理科学在企业中运用的成功管理实践，是中国标杆企业先进的、创新性的、可复制的，具有中国智慧的成功管理实践的集合。全国人大常委会原副委员长成思危先生也强调，中国管理模式必须是民族的、开放的、创新的。可见，中国管理模式≠中国式管理，它包含并超越了中国式管理。"中国式管理"强调的只是中华文化在现代企业的运用，或者突出中国管理的主位文化特征，而且过于停留在"术"的层面上，在跨情境适应性、可复制性、开放性方面都容易狭窄化；"中国管理模式"强调的是文化、科学与实践的结合，更多地侧重于挖掘优秀企业管理实践背后的底层逻辑，更强调可持续性发展以及创新。此外，不同行业、时代、区域、文化背景中成长与发展的中国企业（群），其形成的经验形态的中国管理模式，具有具象性，这属于要探寻的中观或微观的中国管理模式。但是还需要一个更为宏观的中国管理模式模型，从整体层面构建中国管理模式的体系框架，能够指导我们发现中观或微观的中国管理模式（年度获奖企业评选），同时其本身也具有中国的国情特征或管理的中国风格、中国意象。由此，在《解码中国管理模式②》中，提出中国管理模式三角模型，如图 1-1 所示。

　　中国管理模式包含了三个层面：第一，中国管理哲学；第二，现代管理科学；第三，成功管理实践。中国管理哲学是软件，现代管理科学是硬件，成功管理实践产生于软件和硬件的融合。

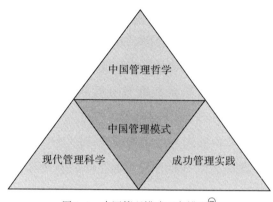

图 1-1　中国管理模式三角模型[⊖]

1.2　中国管理模式三角模型解读

1.2.1　中国管理哲学

在不断强调"中国管理哲学"的背后，其实蕴含着对中国企业管理思想发展的深入省思。改革开放 40 多年，中国在市场经济方面取得了巨大的发展，随着开放，西方管理哲学与文化不断涌入中国，不少企业参考西方的管理，学习西方的管理科学。

在西方管理哲学基础上产生的管理制度和体系是中国社会在几千年中所缺乏的。现代管理的制度、流程、规则，产生于西方，成熟于西方和东方的日本。一百多年前的日本在明治维新期间曾经一度全盘西化，但第二次世界大战后，经过半个世纪的经济社会发展，逐步发展建立了以丰田汽

⊖　中国管理模式三角模型最先来自金蝶集团徐少春主席、曾昊先生的倡议，与此相关文章分别见曾昊等 2011 年在《管理学报》上发表的《中国管理实践研究的研究主体与评价主体——基于金蝶的管理研究实践》《中国式管理与中国管理模式的理论辨析》文章，后经过中国管理模式杰出奖评奖专家及中国管理模式 50 人 + 论坛的确认与完善，成为理念杰出奖评审与案例撰写的基本模型架构。

车、松下电器、索尼和京瓷为代表的融合日本传统文化特征和西方管理体系的日本管理模式。今天，中西合璧，对外开放，学习、吸收世界上一切好的东西，与中国企业管理文化相融合，是发展中国管理模式的核心和保障。北京大学国家发展研究院的杨壮教授提出："企业家要学点哲学，包括东方和西方的管理哲学，最终做到中西合璧。"所以，强调中国管理哲学，也是助力中国企业发展的选择。

中国企业发展路径和西方有着很大的差异，照搬西方的一套会明显水土不服——这种水土不服特别体现在中西方企业在文化上的差异。西方管理哲学的基底大多还是亚里士多德的"非此即彼"的逻辑，认为万事万物非黑即白。在现在更为复杂的企业环境中，这种哲学逻辑所构造的企业显得太过死板，缺乏应对外界不断变化的灵活性。其实，如果我们参考物理学体系会发现，西方管理学以泰勒科学管理为基础，很大程度受科学家牛顿"机械论"的影响，将组织看作一个运转的"大机器"，将组织成员看作组织这个大机器里的不同零件，通过管控机械来进行运作。这是典型的西方"非此即彼"的哲学逻辑，人与人、组织与组织之间的边际很明显。中国管理思想一直以西方管理学范式为主流，特别是以受到哲学家亚里士多德的"非此即彼"的思维范式所影响的泰勒科学管理思想为主。非此即彼、非黑即白的思路简单高效，影响着一代又一代企业管理者。然而，在组织中的双元性（Duality，即对立统一体）悖论关系几乎又是无处不在。随着大环境复杂多变，管理的复杂性越发凸显，非此即彼的逻辑存在很强的局限性，尤其是针对管理中的悖论，"非此即彼"这样分割的思维范式几乎失灵。

北京大学国家发展研究院管理学教授马浩在《战略的悖论》一书中讲到，所谓的"悖论"就是貌似相互矛盾、相互冲突对立的要素在同一陈述中同时出现和共同存在。具体来说，在企业管理中，悖论无处不在。例如在面对企业长期发展与短期利益如何兼顾，个人利益与集体利益如何得到平衡，还有詹姆斯·马奇的关于 Exploration（探索）与 Exploitation（应用）的双元兼顾（Ambidexterity）论都是经典的例子。面对以上组织悖论的问题，非此即彼的思维范式在很大程度上将事件二分，直接忽略了悖论关系的存在，更谈不上做到二者兼顾和平衡发展。而与西方认识论的"非此即彼"（"非黑即白"）的逻辑体系不同，中国古代道家阴阳平衡思想认为，悖论双方处于"相生相克"的永恒状态之中，充分体现黑白搭配的"灰度"状态。

另外，中国管理哲学包含了中华文化的精髓，思维方式更加兼容。在中国五千多年的文化沉淀中，产生了儒家思想、道家思想以及阳明心学，影响了一批批中国企业和中国企业家。西方管理学中的"非此即彼"的亚里士多德哲学逻辑，在高度不确定性情境下的今天，显得尤为缺乏活力。简单地将世间二分，忽略人与人、组织与组织之间的联系，很难兼顾和平衡组织中的矛盾。所以，在高度不确定性情境下，现在的组织领导者需要在思维范式上做出重大改变，变得更加兼容。这一点正体现在中国管理哲学之中，在中国浩瀚的历史长河中，儒家、墨家、兵家、法家、道家等诸子百家的哲学思想，以及明代王阳明提出的较为兼容的阳明心学等哲学思想在中华的历史长河中留下了浓墨重彩的一笔，成为中华文化参天大树的主干，推动社会的不断发展。

中国管理哲学是中华民族历经数千年积累、沉淀形成的对管理的基本认识和指导管理实践的方法论，尤以儒、道、禅、兵最具影响力。它们分别强调道德、自然、觉悟以及谋略的力量。中国当代企业家越来越重视中国管理哲学的学习、理解和应用，并形成自身对管理哲学的独到理解和实践应用，任正非、张瑞敏、徐少春等企业家都是其中的杰出代表。

任正非倡导的灰度管理哲学与灰度管理，拒绝非黑即白的二元思维，强调华为管理的基本色调就是灰度。灰度既是其世界观，是其思维方式，也是其经营管理的基本假设、理念与哲学。灰度管理哲学应用的重要管理法则是学会妥协，"妥协其实是非常务实、通权达变的丛林智慧。凡是人性丛林里的智者，都懂得在恰当时机接受别人妥协，或向别人提出妥协"。海尔集团创始人张瑞敏善于将东西方管理哲学结合，发挥中国古典哲学智慧的管理价值，他深谙老子"上善若水""无为而为""大制不割"的道德智慧和康德"人是目的，不是工具"的人文思想，提出水式管理、组织无边界、去中心化的"无为"理念和"自以为非"的价值观。金蝶软件集团董事局主席徐少春先生在"让中国管理哲学的阳光普照世界"为题的演讲中，根据自己的经历阐述中国管理哲学，他认为中国管理哲学就是建立心与心连接的哲学，是知行合一的哲学，是解决重大管理问题的哲学。徐少春推崇以阳明心学为核心，融合儒、道、法及西方管理智慧的管理哲学，认为管理的本质就是激发人心中的良知，从心出发，走正道，行王道，将心、道、德、事结合起来，将使命、哲学、战略、技术结合起来，放下小我，成就大我，最终无我利他、化育天下，为社会发展贡献企业力量。

1.2.2　现代管理科学

中国管理哲学是中国管理模式的顶层逻辑，有助于进一步思考管理哲学，认识管理现象背后的本质规律，将科学化、制度化、可操作、可复制的管理科学逻辑引入管理实践，由此推出中国管理模式的现代管理科学维度。

现代管理科学发端于 20 世纪初泰勒的科学管理原理，到 21 世纪初开始形成一个庞大的学科体系，如果从学科划分，包括了行为科学、人体工程学、系统工程学、运筹学、预测学、质量控制技术、价值工程工作研究等。其中，行为科学和运筹学被认为是管理科学的主要分支。经济学家成思危先生归纳出现代管理科学的三个基础，分别是数学、经济学、心理学。数学是管理科学中数量分析方法的基础；经济学是管理科学中各类决策的出发点和依归，最常使用的是理论经济学；心理学是研究人的心理活动和行为表现的科学，它是管理科学中研究人际关系、调动人的积极性的依据。

从科学原理角度来看，现代管理科学主要受益于系统论、控制论、信息论，其科学化体现在管理者能够以系统的、发展的眼光去分析事物，重视信息，加强控制，提高管理效益。具体来说，第一，系统论中的系统是指"相同或同类的事物按一定的秩序和内部联系组合而成的整体"。也可以说，系统是"由相互作用、相互依赖的若干要素所组成，具有特定功能的有机联系的整体"。从宇宙天体到微观粒子，从社会到人类个体，世间所有事物都可以被视为系统。系统论以"系统"为对象，研究其整体与部分、结构与功能的相互关系，并采取最优化方法求得最佳效果。企业是一个投入产出的经营管理系统，越是业态多样，全球经营和网络拓展的企业就越具有多层次系统结构，在管理方面也就越需要系统设计、互联思维、战略思考、整合管理等科学化管理布设。第二，信息论是一门研究信息传递共同规律及如何提高信息传输系统有效性和可靠性的学科。随着现代科学发展的综合化、整体化趋势，信息论的概念与方法已远远超出通信领域，广泛应用于管理学、生物学、仿生学等各种学科，发展为一种广义的信息论——信息科学。信息科学认为，信息是客观事物特征的反映。在日常工作中，常见的消息、情报、情况、资料等都属于信息。知识就是一种以专门目的收集起来，并加以抽象化、概念化的信息。真理则是一种正确的信息。而语言、文字、信号、数码、图像、声音等是信息的传递形式和工具。第三，控制论是研究各种系统控制和调节一般规律的科学。控制是按照给定的条件和预定的目标对一个过程或一系列事件施加影响的一种行动。能否有效地控制取决于是否有明确的目的，以及是否有实现目的的相应条件和手段。管理作为一种控制行为，由于管理对象、管理目标或管理状态不同，所运用的控制方式也不同。

从科学运行角度来看，现代管理科学既体现为管理哲学向科学原理转化，也体现为管理方法的技术化与数量化、管理媒介的信息化与智能化、管理人员的专业化。具体而言，第一，管理方法的技术化体现在管理科学已经由经验型的、定性的分析，逐步向重视定量分析、科学预测方向发展；管理方法的数量化指的是在管理中普遍运用量化指标，对工作的要求与标准予以说明，并以此对员工工作进行考核和奖惩的管理方法。所以，管理方法的数量化在很大程度上迎合了绩效管理的需求。例如，系统工程学的产生就是数学运筹学方法应用的产物，管理学中也出现若干重要的数量化决策工具，例如支付矩阵、决策树、盈亏平衡分析、财务比率分析和线性规划等。第二，管理媒介的信息化与智能化，现代信息技术尤其是智能互联技术的发展为企业的科学管理、管理变革、效率提升插上腾飞的翅膀。管理的信息化与智能化就是将现代信息技术与先进的管理理念相融合，建立智能信息化管理系统与运行机制，使企业的信息流、资金流、物流、工作流集成和整合，借助大数据、智能化的技术手段，实现信息的共享、资源的集约利用，不断提高企业管理的效率和水平，提升企业的竞争力。第三，管理人员的专业化。现代的管理人员不仅应该拥有较高的文化科学知识，而更重要的是要善于管理，能进行科学的管理。管理成为一种跨越各种专业知识的专业，称之为"软专业"。管理者应该是"软专家"，不少中国企业在成长过程中会请到专门的企业管理经理人，并给予他们股权激励。同样，不少国内企业也会设立商学院，对企业储备干部进行培训。所谓专业化是个人具有哪一块专业领域的技能知识，在哪些方面经验丰富，就让这一类人负责管理那个部门的工作。这样一来专人管理专事，才能有效率、有质量地完成工作。

1.2.3　成功管理实践

在中国管理模式三角模型中，成功管理实践既是中国管理哲学、现代管理科学在企业实践中的应用，也是检验前两者成效的标准，它不是简单地按照前两者的指导落地执行，而是本身创造或创新管理制度、管理方法形成管理经验。换句话说，中国管理模式的三角模型中成功管理实践是素材、案例，从中可以总结出理论与方法论，最后上升为哲学思想层面的中国管理哲学。"C50+"通过"中国管理模式杰出奖"⊖（以下简称"杰出奖"）的评选，总结出中国企业成功管理实践，其特点包括：

第一，中国企业勇于探索正在形成本土管理实践的"热带雨林"。改革开放以来，随着经济政策、产业结构、全球商业分工、全球商业环境的不断演变，我国涌现了此起彼伏的企业创业热潮，在各行各业涌现了一大批企业和企业家，他们在向西方先进企业学习技术和管理制度、方法的同时，结合中国商业经营的时代条件、市场挑战、营商环境，积极探索、锐意创新，经历商业阳光风雨的淘洗，一批优秀的企业和成功的管理实践如雨后春笋蓬勃涌现，如大家所熟知的海尔集团、美的集团、格力、方太、小米、华为、海信、阿里巴巴、京东、潍柴……几乎各个省份都能找出许多长期稳健发展，形成自身经营管理特色，贡献行业成功实践的优秀企业。我国企业全面"走出去"，到国外投资，创新商业模式，提升核心能力，打造国际竞争力，参与国际市场竞争，在全球商海搏击中确立自己在全球的"江湖地位"。近年来，我国领先企业越来越多进入《财富》500强行列，我国的世界500强企业数量已连续多年排名全球首位，华为、海尔集团、阿里巴巴、中粮、伊利、联想、飞鹤、波司登等企业的卓越管理实践进入哈佛案例库，成为全球企业科学管理与管理创新的范例。管理理论来源于企业的实践成效，没有企业实践的成效，我们就无法真正获得管

⊖ 中国管理模式杰出奖在样本企业的选择标准上，对以下方面有着明确的要求：①在中国大陆运营3年以上；②处于产业链核心地位；③经营业绩业内领先，长期稳定增长；④在行业市场上具有较强竞争力；⑤核心业务管理模式有创新突破；⑥注重社会责任等。参见：曾昊.中国管理实践研究的研究主体与评价主体——基于金蝶的管理研究实践[J].管理学报，2011，8（6）：823-826.

理经验的总结和理论。随着中国企业在越来越多的领域获得全球竞争力，其经营管理方法、商业模式等成为全球商业同行学习与借鉴的范例，中国企业的成功管理实践走向全球的大势正在开启。

第二，中国企业成功管理实践蕴含着创新、可借鉴与可持续的管理模式。经济学家弗里曼坚持无论研究还是实践都应对现实做出更好的解释，才能够从根本上改进创造价值的方式和生活方式。[⊖]这些在中国本土成长起来并走向世界的中国企业，它们基于自身对内外部行业、技术、人力资源、顾客、商业环境、商业机会、市场结构、竞争对手、资源条件和核心能力的解释、判断、决策与实施，在长期的经营实践中凝练形成了足以改变自身并创造顾客价值的相对稳定但又持续进化的管理模式，有能力、有信心跨越不同经济周期实现长期发展，并成为国内乃至全球的行业舵手。

例如，海尔集团的"人单合一"模式蕴含张瑞敏带领的员工从家电、家居入手，持续以"自以为非"的价值观对商业经营、员工管理、组织模式、顾客价值等进行创新探索，经历名牌战略、"OEC 管理法（Overall Every Control and Clear）"、斜坡球体理论、赛马制、策略事业单位管理、官兵互选、自主经营体、创客制等长期、可持续的经营管理的创新探索，形成了系统化的"人单合一"的管理模式（也有人称之为"海尔制"），这些长期的管理创新探索，确实激活了海尔集团发展的内生动力与韧性，使其从一家籍籍无名的集体企业成长为全球领先的"美好生活和数字化转型解决方案服务"的企业集团。像海尔集团一样坚持有自己的商业思想并坚持"长期主义"管理创新探索，由本土商业土壤孵化成长，跨越多个经济增长周期，形成持续、有竞争力的管理模式的企业不胜枚举，它们如积木般组合拼成"中国管理模式"的雏形。

第三，中国企业成功管理实践蕴含着贡献于管理科学的思想、理论

⊖　德鲁克.管理：使命、责任、实务（使命篇）（珍藏版）[M].王永贵，译.北京：机械工业出版社，2009.

与知识。众所周知，从管理学的产生来看，管理科学的理论、知识与方法来自管理先驱对管理实践背后规律的发现和科学提炼——"建立理论的目的就是揭示优秀的管理实践背后遵循的原理与规律"。泰勒基于米德维尔钢铁公司和伯利恒钢铁公司的实践提出科学管理，德鲁克基于通用汽车公司的实践提出目标管理，卡普兰基于半导体企业 Analog Device（简称"ADI"）提出平衡计分卡管理。这说明成功的管理实践不仅是同时代企业的标杆示范，而且能够孕育并催生科学的管理理论，贡献管理的知识价值。改革开放以来，我国多个产业领域不断涌现具有全球竞争力的领先企业，经历国内外不同经济周期、产业变革和商业环境考验，它们的成功管理实践借鉴、吸收了西方现代企业管理的理论、制度与方法，同时它们的长期经营实践成为管理科学理论开发的"富矿"，其包含经营哲学、制度、经验、做法、模式，可为管理理论创新、管理科学发展贡献新的思想、知识与方法。许多企业的管理模式和优秀做法已经走出国门，被国外大学或同行所关注和学习，例如华为、海尔、中粮、伊利等公司的优秀管理已经进入哈佛大学商学院管理殿堂。进一步，海尔的人单合一模式、华为的灰度管理、中国建材的三精管理、方太的明道优术的儒道管理……这些领先企业的成功管理实践都闪烁着思想之光和治理之道，都凝练着科学之理、制度之方、方法之路，经过科学的开发、学术的发掘可成为中国管理贡献于世界管理的思想明珠。

管理学大师德鲁克指出，良好的管理实践必须根据经营的需要来确定，任何一个组织的成果都只存在于组织外部，管理需要有一个与任务契合的组织来"引导人"，发现并创造顾客价值，并实现自身价值。成功的

○ 章凯，罗文豪.中国管理实践研究的信念与取向——第7届"中国·实践·管理"论坛的回顾与思考[J].管理学报，2017，14（1）：1-7.
○ 乐国林，毛淑珍，曾昊，等.我国领先企业管理实践的理论价值发现：从实践到理论的路径探索[M].北京：经济管理出版社，2023.
○ 德鲁克.管理：使命、责任、实务（使命篇）（珍藏版）[M].王永贵，译.北京：机械工业出版社，2009.

中国管理实践应满足这些条件，并在自身的文化土壤中寻找到适应自身发展、贡献行业价值的管理模式。C50+ 将坚持"长期主义、价值共生"的理念，以"知行合一"为行动准则，总结和归纳出既有普遍意义又有鲜明中国特色的中国管理模式，形成管理理论的中国流派。

1.3　典型案例——华为灰度管理思想与实践[⊖]

灰度，与非黑即白、非此即彼的思维方式相对应，指的是一种非白非黑、非此非彼的模糊的状态。灰度是经过一段时间内各种要素相互影响，最终达成的一种均衡稳定的结果。

华为创始人任正非认为："一个清晰的方向，是在混沌中产生的，是从灰色中脱颖而出的，方向是随时间与空间而变的，它常常又会变得不清晰，并不是非黑即白，非此即彼。合理地掌握合适的灰度，是使各种影响发展的要素，在一段时间和谐，这种和谐的过程叫妥协，这种和谐的结果叫灰度。"[⊜]

1.3.1　华为灰度管理思想

华为从一家做通信产品贸易与生产的企业发展成为全球领先的通信设备公司，甚至成为美国政府极力封锁打压的对象。在面临外部断链脱钩危机下，华为没有在"非黑即白"的思维与生死两端中徘徊，而是贯彻其灰度思想与战略定力，化危为机，坚持自主创新、艰苦奋斗、奋斗者为本、

　⊖　本章案例根据乐国林、毛淑珍、曾昊等著《我国领先企业管理实践的理论价值发现：从实践到理论的路径探索》（经济管理出版社，2023 年）中"三家领先企业实践理论化的案例分析"内容改编。

　⊜　任正非这段关于"灰度"的观点，见于 2009 年 1 月 15 日在企业内部发表的《开放、妥协与灰度》一文中，后来在许多研究华为的著述中被引述。

友商协同，正在或已经达成自主供应链和通信软硬件底层基础的原创性搭建，目前华为正走在恢复强劲增长的路上。华为的这些成功管理实践表明，发端于中国本土商业实践土壤，浸润于中国管理哲学与文化的企业，同样有机会成为全球一流企业。由此，我们重点讨论灰度管理思想及其蕴含的哲学文化根基。

1. 灰度管理四要素

灰度管理，既来自华为的经营管理实践，并在实践中丰富和提升，又反过来指导华为的经营管理实践，同时接受华为经营管理实践的验证。通过对相关文献总结和笔者自己的领悟，灰度管理的核心要素包括但不限于开放进取、包容、妥协和自组织。

（1）灰度中的开放进取

开放进取一直是华为公司的核心价值观念，华为公司本身就是一个有较强创新能力和创新意识的公司，还一直强调开放的意义，开放难道有这么重要吗？其实，正如任正非所说，"由于成功，我们现在越来越自信、自豪和自满，其实也在越来越自闭。我们强调开放，更多一些向别人学习，我们才会有更新的目标，才会有真正的自我审视，才会有时代的紧迫感"。与时代同频，才能让公司有更大的发展，如果只局限于自己的一点小成就之中，终究要被时代抛弃。同时，开放进取也是华为选人的重要标准之一，一个不懂得开放和进取的应聘者，是不可能成为华为员工的，这也是华为发展30多年的重要经验。

（2）灰度中的包容

包容所体现出来的退让是有目的、有计划的，让主动权掌握在自己的手中，无奈和迫不得已不能算包容。人与人的差异是客观存在的，所谓包容，本质就是容忍人与人之间的差异。不同性格、不同特长、不同偏好的人凝聚在组织目标和愿景的旗帜下，靠的就是管理者的包容，接纳不同的人才和文化，容纳对立的意见，容纳不同的管理智慧，容纳和自己竞争的对手等。华为的灰度思想，不管是在内部的生产经营中还是在对外部环境的洞察中，都体现着包容这一特征。

（3）灰度中的妥协

"没有妥协就没有灰度。"妥协并不意味着一味地放弃，一味地让步。明智的妥协是一种适当的交换。妥协是双方或多方在某种条件下达成的共识，在解决问题上它不是最好的办法，但在没有更好的方法出现之前，它却是最好的方法。为了达到主要的目标，可以在次要的目标上做适当的让步。这种妥协是以退为进，通过适当的交换来确保目标的实现。在激烈的市场竞争中，难免碰到摩擦，如果一味地咄咄逼人，不肯让步和妥协，最后的结果只能是两败俱伤。华为深谙其中的道理，在和竞争对手的竞争和较量中懂得妥协和让步，最终得到了很好的结果。

（4）灰度中的自组织

在自组织中，不存在外部指令，系统就能够按照相互之间的默契建构出某种规则，并尽职尽责、协调自动地有序进行。在华为的多年运营中，能体现自组织的就是华为在国外市场的一次经历，那时华为苏丹代表处曾在一次投标中遭受重挫，这让代表处的员工们很受打击，经过认真反思，他们认为是运营模式上出现了问题。他们痛定思痛，率先提出了"铁三角"这一直接面向客户需求的运营模式，把销售力、交付力、产品力三者有效结合，面对客户实现接口归一化，做到无论产品介绍、销售，还是交付，都能实现统一标准，真正满足客户需求，成果显著，并逐步在整个公司推行。

2. 灰度管理的中国管理哲学及文化元素

灰度管理思想发扬了中国文化兼收并蓄的特性，也吸收了西方科学哲学、存在主义哲学、黑格尔辩证法等西方哲学思想，体现了体用结合、中西合璧、系统整合、知行合一等特点。华为作为中国传统文化影响下成长起来的优秀企业，其灰度管理思想主要来源于道家思想的对立、转化和统一以及儒家思想的中庸之道、和谐等。

（1）对立统一：适当灰度

老子的《道德经》提到，"天之道，损有余而补不足"。在适度的竞争环境中充分发挥所有员工的主动与创造性是度的把握。同样，《论语》中提到："不得中行而与之，彼也狂狷乎！狂者进取，狷者有所不为也。""子贡问：'师与商也孰贤？'子曰：'师也过，商也不及。'曰：'然则师愈与？'子曰：'过犹不及。'"这些都强调了"度"的重要性。

老子认为万物禀赋阴阳相互冲撞激荡，形成新的和谐，再滋养万物。阴阳是截然不同的对立面，但是它们彼此依靠，互相转化，并且处于不断运动和变化之中，变化、刚柔、进退都包含于此。阴阳运动的结果是达到平衡，相互依存，相互抵消，使状态处于相对静止的状态。儒家经典《中庸》也有类似观点："中也者，天下之大本也；和也者，天下之达道也。致中和，天地位焉，万物育焉。"在领导者的管理中，阴阳思维是一种辩证的哲学思维，认为一切事物都包含着阴阳对立的两面，它们的表现是对立的，但是它们的关系是彼此相关、相消、互依、互动的。为了兼顾组织中矛盾力量的双方，可以阶段性地选择关注其中一方，之后再选择关注另一方，保证了"度"的拿捏，阶段性打破企业发展的平衡，再平衡，如此动态往复，可以促进企业实现长期持续的发展。

任正非说："任何事物都有对立统一的两面，管理上的灰色，是我们的生命之树。"任正非曾经用中国传统哲学的太极图阐述"灰度理论"："阳中有阴，阴中有阳，阴阳相合，相生相克。比如一个人，优点缺点相互对冲又相互生存。一个组织的辉煌与衰落也都是同宗同源，互为因果的。"灰度管理认为战略、人，都可以灰度，多些辩证分析；战术也可以适当灰度，随机调整；但是"以客户为中心，以奋斗者为根本，长期艰苦奋斗"的核心价值观不能有丝毫的扭曲和变通；对人讲灰度，对事讲流程，黑白分明，才能保证产品的研发、销售、交付、后续服务等不出差错。而对人要用两分法，用辩证动态的眼光去看，这样才能最大限度地开发人的潜能和创造性。强调变革和灰度的观念，在变革中不走极端，这是华为在长期实践中总结出的经验，即适当灰度的原则。

（2）海纳百川：包容与接纳

"君子和而不同""天下同归而殊涂，一致而百虑"，我国传统文化中的"海纳百川，有容乃大"更说明了包容与接纳可以汇集不同，可以接受对立，能够包容和负载复杂多样的人、事、物、类，使其和谐，生长繁衍。包容与接纳能够为企业获得竞争优势，为企业的持续发展提供"厚德载物"的条件与环境。传统文化对于多元和不同的包容与接纳，使华为的领导者在面对复杂冲突时，能够抱有开放、包容和对话的认知和态度，他们拥有传统文化包容意识和良好的情绪管理能力，在面对不断出现的矛盾张力的挑战时，他们并没有选择简单的回避，或者是二选一，而是开放、包容与接纳并同时关注到对立的两面。接纳不同的人才和文化，容纳对立的意见，容纳不同的管理智慧，容纳和自己竞争的对手等。包容与接纳促进了企业的竞争优势与持续发展。

任正非在多次讲话中都提到灰度哲学向所有的智慧开放，向最前沿的科学思想开放，向最新的技术思维开放。在企业外部，接纳竞争对手的挑战，把其看成合作与友商关系，而将竞争排在了次要的地位；接纳产业链上下游的成本、利润和市场的对立需求。在企业内部，包容有个性、独立与创造性的员工；对于不同文化背景的员工给予尊重与包容……正是由于他们采取开放、包容与接纳的态度，进而获得更多的思路与资源，一方面可以使他们打开思路产生创新，另一方面也可以接受对立面的资源与优势，作为矛盾的一面可以体验对立统一的整体平衡。与此同时，华为主动提出建立反对意见的部门，包括对技术研发的反对，对组织管理方式的反对，对自我的批评和反对。华为主动制造矛盾和冲突，从认知层面挑战了人们倾向于保持一致的惯性与轻易产生的惰性，在不一致中发现新的机会，这实际上也是接纳矛盾的特殊和创新的表现形式。

（3）和合与共：协同与整合

"君子之于天下也，无适也，无莫也，义之与比。""天地合而万物生，阴阳接而变化起。"华为的灰度管理是一种兼顾矛盾对立两面的策略，对于相互冲突的两面，既不是简单地选择一面而忽略另一面，也不是简单地中庸以维持表面和谐，而是关注到矛盾的两面各自的特点和优势，以及双方的相同和不同，然后把它们协同或是整合。通过各种因素的差异互补来寻求整体的最佳结合及平衡，对待矛盾持积极调和、平衡、和合的态度，把矛盾变化的两面看作相反相成、相辅相成的一体两面，突出整体的力量，能够推动新事物的产生与发展。

在华为内部经常看到部门与部门之间吵架，但在吵架的过程中，你会发现当你跟周边部门吵得越多，双方合作越紧密。任正非讲，假如两根绳子直接放进去，并不产生交集，它依然是两根绳子，比较垂直化，但是由于中间有了灰度，所以两根绳子就会紧紧地缠绕到一起，从而由两根绳子变成了一根麻绳，这样的话对内来讲是绑得更结实了。所以企业内部灰度管理将各个部门连接在一起，即使这两个部门在某些方面是冲突的，本是隶属于一个部门的员工，在有重大项目任务下达的情况下，也会被另一个部门当作资源使用。在利润分配上，采用全员持股而非上市，兼顾了员工个人和企业利益，将员工的人力资本与企业的未来发展紧密结合在一起，形成一个良性的动态循环，因为一般情况下公司的发展和员工个人财富的增值在某种程度上是对立的，但是在这种分配机制下二者成为一个统一体。同时，华为还达成了内部融资，从而可以增加企业的资本比例，缓解企业的资金问题，保障了企业的最大利益。在企业外部，华为与产业链上的全球多家客户、竞争对手之间的关系通过连接上升到彼此依靠、互相促进的战略伙伴关系，打开了全球扩张的新局面。

开放、妥协和灰度是华为文化的精髓，也是领导者的风范。根植于中华文化和企业实践的智慧可以为企业形成竞争优势和持续发展做出指引，也正因为管理实践基于中国的市场和文化，相比西方理论更具中国本土文化特征，可以更好地被中国其他企业所借鉴。

1.3.2 华为灰度管理实践

华为创始人任正非认为，任何事物都有对立统一的两面，管理上的灰色，是我们的生命之树。灰度管理思想的落地生根，为华为的成功奠定了基础，灰度管理思想作为华为的一种文化，已经渗透到了华为的方方面面。我们从华为人力、组织、外部环境入手，展现华为灰度管理思想的应用，方便读者更深入地了解灰度管理思想，如图 1-2 所示。

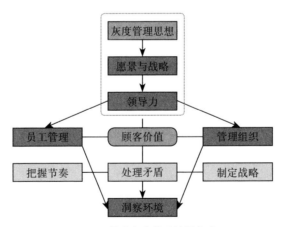

图 1-2 华为灰度管理思想实践

（1）以灰度管理思想培养领导者

华为的领导力充分体现其灰度管理思想，任正非指出，一个领导者重要素质是方向、节奏，他的管理水平就是合适的灰度，开放、妥协、灰度是华为文化的精髓，也是一个领导者的风范。领导者需要在宽容、妥协和开放中找到矛盾变化中蕴含的解决之道，找到发展、创新的方向。灰度领导力要求领导者放弃非黑即白的两极思维定见，宽容善待各种"不利于"自己的观点、任务、机会、资源，只有这样才能保持充分的理性张力与定力，做到海纳百川、志存高远，实现天堑通途；在行动中既要勇于变革又要懂得妥协，面对客户需求变化、不确定性环境和内部惰性及官僚化，领导者要勇于推动变革，形成目标与战略的动态匹配，流程与组织的动态匹配，岗位与人才的动态匹配，能力与动力的动态匹配，而在实际执行中又要进行合理的妥协（不背弃愿景理想，又向现实妥协），从而团结一切可以团结的力量，找到研发、投资、运营、营销动态发展，不失速、不过速的发展道路。简而言之，华为的领导力就是要把握灰度观，形成灰度思维，并以此洞察人性，在混沌中把握方向，理性地处理企业中的各种矛盾与关系。一些研究者将华为的这一领导力定位为"悖论领导力"[一]，引领企业超越简单化和两极化，理性认识组织的多样性和模糊性，为企业创新注入活力[二]，这一领导力具有包容性、灵活性、系统性、动态性特征[三]。基于上述灰度领导思想，华为的灰度管理在干部培养方面，把灰度作为选拔干部的重要标准，同时也把灰度作为干部的领导力和经营管理能力的重要内容。要求干部不要非黑即白，要懂得适当的妥协与退让。最好的防守是进攻，对人的管理要构建导向冲锋的机制，队伍为了胜利要不断进攻。当然，灰度领导者在进攻时要了解最好的进攻有时候就是战略性的放弃，这就是灰度、妥协、阴阳之"返"，对于高层领导者来说，不要总想着进攻，有时

[一] 武亚军."战略框架式思考"、"悖论整合"与企业竞争优势——任正非的认知模式分析及管理启示 [J]. 管理世界，2013（4）：150-163；166-167；164-165.

[二] 魏江茹，李雪，宋君.华为创新发展过程中企业家悖论式领导研究 [J]. 管理研究与评论，2020，13（5）：553-565.

[三] 朱颖俊，张渭，廖建桥，等.鱼与熊掌可以兼得：悖论式领导的概念、测量与影响机制 [J]. 中国人力资源开发，2019，36（8）：31-46.

候选择放弃更是一种智慧，为友商留下一些发展的空间，这是整个行业健康发展的必然，行业生态融洽，大家才可以在行业里持续发展，而不是恶性竞争。值得一提的是，华为在处理管理者非重大原则的错误的时候，也体现灰度处理方式，在明处高高地举起拳头，在私下轻轻地放下安抚，既不一棍子打死，也不放任纵容，对事旗帜鲜明，对人包容妥协。

（2）以灰度管理思想选择员工

发展是第一要务，人才是第一资源，创新是第一动力。党的十九大报告指出，人才是实现民族振兴、赢得国际竞争主动的战略资源。一个优秀的员工、一支优秀的队伍，对于企业来说是无价的。灰度选择员工，就必须摒弃非黑即白、爱憎分明、一分为二的思维方式，充分利用一切可以利用的人，与企业发展理念一致的员工，可以为企业高质量发展提供更强劲的动力。

对人的选择，是华为灰度管理思想的重要体现。什么是好人？什么是优秀的人？灰度体现在，对于优秀和平庸的人，我们力求用一种有效的方法来识别，不能无标准或者拘泥于某些咨询公司给予的复杂到无法掌握的对全才的标准中，与无标准和全面相比，华为的五项素质评价，恰恰就是一种灰度，既要有清晰的用人标准，又不能复杂到无法掌握，抓住要点识别出领军人才，而不是面面俱到的乖孩子、小全才，要有个性，有特长。人才的标准，就是要体现出企业竞争力的要求，注重人才素质的本身，而不是追求名校和背景。

当然，人是高级的动物，人和人之间存在差距，人性也是十分复杂的。那么在灰度管理和文化下，我们要做的就是激发人的正能量，抑制人的负能量。想拥有一支强大的团队，首先要有一个明确且正确的用人标准，只有这样，才能够行走于天下，才能够成为一个成功的组织。在此标准下，华为识别出了一批正确的人，而这些正确的人经过 30 多年的锤炼，逐渐成为公司的顶梁柱，这印证了华为 30 多年来坚持的用人标准是正确的，而这套标准就是华为最宝贵的财富。

（3）以灰度管理思想管理组织

以灰度制定企业战略和目标。未来到底如何，谁也无法预测，但是任正非通过自己的灰度哲学得出了一个重要的结论——方向大致正确，组织充满活力。华为能够长期保持战略方向的"大致正确"，重要的原因是任正非的"灰度管理哲学"，"坚定不移的正确方向来自灰度、妥协与宽容"。面对黑天鹅，面对灰犀牛，面对蝴蝶效应，既不盲目乐观，也不盲目悲观，未来有阳光灿烂，也有疾风骤雨，既不"左"倾冒进，也不右倾保守。有灰度，方能视野开阔，把握不确定性，看清未来的方向，认清未来发展的战略目标。

以灰度看待企业中的矛盾关系。在企业经营管理中存在着大量相互矛盾和相互制衡的关系，如激励与约束、扩张与控制、集权与分权、内部与外部、继承与创新、经营与管理、短期利益与长期利益、团队合作与尊重个性等。这些矛盾关系构成了黑白两端，逼迫企业做出极端的选择。任正非以灰度观来看待和处理这些关系，不走极端，不玩平衡，对内外部关系做出智慧的决策，其核心就是依据灰度哲学，抓住主要矛盾和矛盾的主要方面，抓住"牛鼻子"，将这些矛盾变为公司发展的动力。

以灰度把握企业管理的节奏。任正非一直强调作为高级管理者在企业经营管理过程中，必须紧紧盯住三个关键点：方向、节奏与人均效率。当企业的方向大致正确之后，经营管理的节奏把握就成为领导力的关键。面对企业中的各种问题，任正非肯定着急，但在具体实施过程中他又表现出极大的耐力和容忍力。他在说的时候，是疾风骤雨，电闪雷鸣，但具体操作实施时，又能和风细雨，润物无声。这种着急和等不及、不着急和等得及就是任正非灰度管理的最好体现。

（4）以灰度视角洞察商业环境

任正非对外部商业环境是以灰度的视角洞察的，他从不抱怨外部商业环境的险恶，总是以乐观主义的态度评价宏观层面的问题；他把竞争对手称为"友商",并把"与友商共同发展,既是竞争对手,也是合作伙伴,共同创造良好的生存空间,共享价值链的利益"作为公司的战略之一。

商场如战场,在激烈的竞争环境中,即要实现自身的发展,又能做到尊重竞争对手,不落井下石,恐怕不是一件易事。华为是这样说的,也是这样做的。据官方报道,2019 年 5 月,华为与三星在全球范围内提起的一系列有关诉讼,已经得到全部解决。

自此,三星(中国)与华为长达 8 年的知识产权纠纷正式达成和解。自 2011 年以来,华为和三星就专利交叉许可问题进行过多轮谈判,但一直未取得实质性进展。此后,双方先后在我国和有关国家分别提起诉讼共 40 余件。虽然,在通信行业中,专利诉讼的相关案例比比皆是,但结果往往是两败俱伤。双方不仅要支付高昂的诉讼费,还要投入大量精力。

华为从全局考虑,为了公司业务拓展和国际化进程,决定妥协,"给双方都留些余地,退一步海阔天空"。最后,华为和三星达成和解协议,如今,双方成了友商,它们的关系从单纯竞争变成了合作竞争,这就是华为的"灰度"。

当然,在华为公司经营管理实践中,灰度管理思想不是放之四海皆准的,不能对一切都讲灰度。"以客户为中心,以奋斗者为本,长期坚持艰苦奋斗"不能讲灰度;"厚积薄发,压强原则"不能讲灰度;"自我批判,保持熵减"不能讲灰度;"力出一孔,利出一孔"也不能讲灰度。对人讲灰度,对事讲绩效,讲流程。正如任正非说:"决策的过程是灰色的,所以决策层必须有开放的大脑、妥协的精神,这样才能集思广益。但越朝下,越要强调执行。高层决策忌快忌急,慢一些会少出错;基层却要讲速度,讲效率。"也就是说,企业核心价值观、机制与运作、业务与流程、工作与效率等企业本源层面的问题不适合灰度管理,基层员工也不适合强调灰度思维。

第 2 章

敬天爱人，造福社会

中华文化中蕴含着丰富的管理智慧及管理资源，中国人素来崇尚自然，追求天人和谐统一，这些也就构成了中国几千年来一种独特的管理思想与方式，具体体现为"敬天"与"爱人"，并贯穿于中国的传统管理思想之中。日本著名企业家稻盛和夫也正是受此影响，提出了"敬天爱人"的管理理念。"敬天爱人"所体现出的中国管理智慧，像是一剂良方，为现代过于浮躁、功利的社会注入了一丝清凉，也让现代企业管理在飞速发展的同时更加注重人性与和谐。

2.1 敬天

"天"这个概念在我国传统文化的发展过程中占有举足轻重的地位。在早期中国社会，尤其是在周代形成礼乐制度之前，古人对自我的概念比较淡薄，而对"天"则极为崇拜，时常根据"天"的意志来引导自己的行为。如在保存了大量从夏至周的弥足珍贵的政治、经济、文化、历史、思想等方面的典籍《尚书》中，大部分篇幅都提到了尧、舜、禹、殷商时期的统治者对于"天"的敬畏之心，他们认为"天"是一切的主宰，因此统治者十分重视祭祀以及占卜，将重大事件通通交由"天"来决策。到了周代，"敬天"则更多地突显出了人作为主体的积极性和理性因素，所谓"天命靡常""皇天无亲，惟德是辅"，统治者们自觉主动地探索政权来源和国家长治久安的方法，并已经意识到"民"的重要性，可以通过"德"来改变"天"的态度，因此"敬天保民"逐渐成为这一时期主流的统治思想。

儒家思想对"敬天"这一概念进行了更加深入的阐述。在《论语·为政》中，孔子提出了"知天命"的概念："吾十有五而志于学，三十而立，四十而不惑，五十而知天命，六十而耳顺，七十而从心所欲，不逾矩。"孔子在这里所说的"知天命"的意思，学者们大多理解为人到了五十岁就知道哪些是不能为人力所支配的事情，做事情不再追求结果，而是顺应天命，顺天而行。对孔子来说，天命是无法改变的，却是可以认识与适应的。可见，孔子所认为的"敬天"，首先要"知天命"，然后就要顺天而行。在《论语·季氏》中孔子进一步解释，"君子有三畏：畏天命，畏大人，畏圣人之言"。这里的畏并不是畏惧的意思，而是在明确了天命的不可违抗的基础之上，产生的一种审慎敬畏的态度。因此，"君子"知天命而畏之，而"小人不知天命而不畏也"。

《周易》中的"天"同样具有十分丰富的内涵，并蕴含着鲜明的"敬天"思想。如"序卦"中就提到："有天地，然后万物生焉。盈天地之间者唯万物。"这里的"天"与孔子所说的"天"相一致，指的是自然规律与万物。《周易》中用大量的篇幅来表明天道，也倡导人们崇敬天道："夫'大人'者，与天地合其德，与日月合其明，与四时合其序，与鬼神合其吉凶。先天而天弗违，后天而奉天时。"这里不仅要求人们要敬畏天道，还要"与天地合其德"，契合天自强不息，地承载万物的德行，顺应天命。

从中国古代文献中可以发现,敬天在不同时期有不同的内涵,但可以看到非常明显的逻辑理路,即知天,畏天,顺天而行。仅仅敬畏天命并不是敬天的重心,如何契合天命来进行实践才是敬天的真正内涵。

2.2　爱人

除了"敬天"的思想外,先秦诸子还创立了丰富多彩的哲学思想,其中"爱人"思想最具人文关怀。无论儒家、道家还是墨家、法家,都提倡"爱人",但又各有侧重,也各有利弊。其中,儒墨两家的"爱人"思想尤为突出。

自孔子开始,"爱人"的思想便贯穿在儒家思想体系当中。孔子的思想核心是"仁",而"仁"的内核则被定义为"爱人"。《论语·颜渊》中就提到:"樊迟问仁。子曰:'爱人。'"强调从自身出发去"爱人",做到"己所不欲,勿施于人""己欲立而立人,己欲达而达人"。孟子继承了孔子的"爱人"思想,提出了"仁者爱人"的思想,主张人与人之间的互爱,"仁者爱人,有礼者敬人。爱人者,人恒爱之;敬人者,人恒敬之"。对儒家来说,"爱人"是伦理道德的最高准则,但是他们又提出了"爱有差等"的概念,即爱有亲疏远近,"爱人"的首要对象是身边的亲人,"弟子入则孝,出则弟,谨而信,泛爱众而亲仁",从孝敬父母,尊敬兄长,到"爱亲",到最后的"泛爱众"。孟子所主张的"亲亲而仁民,仁民而爱物"亦是如此,从对亲人的爱,到对大众的爱,再到最后对世间万物的爱。

与儒家相对,墨家站在广大下层小生产者和平民的立场上,提倡"兼爱",并且认为"兼相爱,交相利"才是圣王之法、治世之道。这里墨子所谓的"兼"是要抹除"自我",即消解别人与"我"之间的区别,达到"视人之国若视其国,视人之家若视其家,视人之身若视其身"的境界。但这并不意味着不爱自己,墨子特别提出了"自爱"的概念,要在"自爱"

的基础上，兼爱视人如己，在兼爱对象的关爱程度上无分厚薄多寡。之所以会有这样的思想，是因为墨子身处乱世，认为乱世产生的原因正是"不相爱"，"凡天下祸篡怨恨，其所以起者，以不相爱生也，是以仁者非之"，因此其"爱人"思想带有一定的实用主义倾向，希望以此来"兴天下之利，除天下之害"。

虽然儒墨两家在"爱人"的具体思想观念上产生了一定的差异，但可以看到这两者仍有许多共同之处。"爱人"的基础是"自爱"，然后在"自爱"的基础上再去爱他人。两者关爱的对象均泛指所有人，孔子的爱人自"笃亲"始，不别夷狄，以"泛爱众""天下归仁"为其重心和归宿；墨子则爱利天下，"爱人，待周爱人，而后为爱人；不爱人，不待周不爱人；不失周爱，因为不爱人矣"。

2.3　"敬天爱人"思想在现代管理学中的含义

在《尚书》中有记载，"天视自我民视，天听自我民听"，即上天并不直接向人说话，而是借着人民来表达意思和施行选择。可以发现，"敬天"是"爱人"的前提，"爱人"则是"敬天"的具体表现。正是出于对天道的敬畏，依循天道，才要"爱人"；而由于"民意"是"天道"的体现，所以"爱人"正是践行"敬天"的实际行为。而在当今社会中，"敬天爱人"也被广泛运用于管理学的思想中。

日本著名企业家稻盛和夫管理思想的核心就是"敬天爱人"。根据稻盛和夫对"敬天爱人"的诠释，"所谓敬天，就是依循自然之理、人间之正道——亦即天道，与人为善。换言之，就是'坚持正确的做人之道'；所谓爱人，就是摈弃一己私欲，体恤他人，持'利他'之心"。⊖ "敬天"

⊖　稻盛和夫 . 活法 3：寻找你自己的人生王道 [M]. 蔡越先，译 . 北京：东方出版社，2012.

就是了解并遵循企业经营的客观规律，按本性要求，坚持将正确的事以正确的方式贯彻到底；"爱人"则是按照人的本性做人。对稻盛和夫来说，"爱人"就是"利他"，"利他"是做人的基本出发点，利他者自利。这里"利他"中的"他"不仅是指顾客，还包括员工、社会及其他利益相关者。因此，"爱人"不仅要为顾客创造价值，同样也要维护自己的员工及其家庭生活，同时还要为社会做贡献，造福社会。只有为他们创造了价值，企业才可以从中分享价值。

稻盛和夫对"敬天爱人"思想的总结运用给了我们一定的启示。敬天爱人，首先是要"敬天"，即在管理企业的时候就要按照客观的环境和事物的发展规律来进行，这里的"天"是指企业发展的规律，也是指企业所处的社会环境，在管理企业时要时刻关注这些，按照事物的"道"来做事才能无往而不胜。"爱人"则是在"自爱"的基础上去"爱他人"，主张社会上的每一个人都相亲相爱，"爱人若爱其身"，可以看到，"爱人"的理论具有强烈的普世情怀，因此，运用于企业管理之中，则体现为企业的存在和发展，不能是为了一己私欲，而应是为了他人，为了社会，强调企业的社会责任担当。

"敬天爱人"的思想在现代管理学中的内涵具体表现为：企业在发展与经营的过程中，应当遵循企业经营的客观规律，做符合规律的事；在发展自己的同时也要站在"利他"的立场上思考问题，对社会的发展肩负起必要的责任，实现企业需求与社会需求、个人良知与社会道德之间的平衡。近百年来，中国学习的都是西方式管理，但问题也逐渐显露出来：盲目追求GDP（国内生产总值），忽视人的重要性，以及出于对利益的追求而逐渐丧失了对自然、天道的敬畏，甚至大肆破坏自然。另外，中国几千年来形成的人情、血缘、集体性的社会，与西方社会并不一致，许多西方适用的理论在中国也会出现"水土不服"的情况，在这种情况下，"敬天爱人"管理思想的重要性就凸显了出来。"敬天爱人"所强调的"利他"

思想、造福社会的思想，对企业都有着深刻的启示意义。

那么，企业究竟如何才能做到"敬天爱人"？主要可以从三个方面进行。首先，"敬天爱人"要求企业不仅要有正确的行事方式，还要有勇于承担社会责任的价值观。如在新冠疫情期间，就有无数企业为上海捐赠物资，更有以京东为代表的企业组织员工冒着风险进入上海，确保物资流通的通畅，这就是一种"敬天爱人"的具体体现。

其次，"敬天爱人"要求企业不能盲目地追求效益与利润，而是将建立正确的价值观作为自己的核心竞争力。许多国内企业在打造自己核心竞争力的时候，仅仅关注短期效益，而忽视了企业的长远发展，而价值观决定了企业的目标和愿景，为企业提供决策支持。因此，只有建立正确的价值观，才能真正做到"敬天爱人"。

最后，"敬天爱人"要求企业要认清"人"的价值，关注"人"的长远发展。这要求企业不仅仅要关注客户和股东的利益，也要关注员工的利益。这要求企业不仅要关心员工的日常生活，还要关心他们的长远发展，通过鼓励员工的自我管理，提高他们的自主性，增强他们的价值与财富，实现真正的"爱人"。

2.4 典型案例——"敬天爱人"思想在同仁堂管理中的实践

在中国企业的发展历史上，"敬天爱人"都曾有过充分的体现。在过去，物质水平远不及今天，但是，同仁堂、内联升、胡庆余堂等中华老字号对诚信和仁爱的要求从未放松。同仁堂是中药行业著名的老字号，创建于康熙八年（1669 年）。创建之初，同仁堂就贯彻孔子的仁爱思想，充满对天下人的关怀。"同仁"二字表示和同与人，宽广无私，应天时行，无论远近亲疏均一视同仁。"同修仁德，济世养生"是同仁堂创立的初心。同仁堂的"爱人"首先表现在同仁堂的药品制造上。成书于康熙年间的

《同仁堂药目叙》写道："炮制虽繁必不敢省人工，品味虽贵必不敢减物力。"
从过去的手工作坊生产到后来的中药提炼厂，同仁堂一直坚持对质量的把
控。中药对药品原料的要求非常苛刻，要选用药材最有效的部位，并且在
最适宜的时候采摘。为了保证药品质量，截至 2020 年底，同仁堂在全国
建立了 39 个生产基地，11 个种植、养殖基地，且种植或养殖基地均通过
了中药材生产质量管理规范（GAP）。对于购进的药材，首先需要经过同
仁堂药工的人工检验，人工检验合格后，才能进入更严格的高科技仪器检
验环节。由于仪器检验不能规避所有的问题，辅以人工检验能更好地把控
药品的质量。

　　同仁堂的"爱人"更体现在对顾客的平等关怀上。无论买卖大小，都
一视同仁。1998 年，一位广州顾客向北京同仁堂致电，要求买 5 千克铁
落花急用。因为铁落花属于不常用且用量少的冷备药，所以同仁堂一个店
铺的储备没有这么多。凑齐 5 千克铁落花需要从各处调配，非常耗费精
力，但是销售人员马上与市内其他批发部联系，凑齐了 5 千克，再打长途
电话告诉这位广州顾客。顾客非常激动，他曾跑遍了南方的药店，都没有
找到 5 千克铁落花，抱着最后一线希望找到同仁堂。为了仅 10 元钱的药，
同仁堂的员工付出了很多时间和精力，充分体现出同仁堂"买卖无大小"
的经营理念。同仁堂的"爱人"并不局限于顾客，对药店周边的群众和其
他劳苦人民，同仁堂也常施仁爱之心。清朝时期，同仁堂就常在朝廷会考
期间，免费赠送"平安药"，在冬天开设粥厂，向穷苦人施粥，在夏天发
放药品，开设"义学"等。新时代，同仁堂履行社会责任的方式也发生了
转变。作为国有企业，同仁堂除慈善捐赠外，也积极通过"中药材种植采
购＋扶贫"的帮扶模式助力产业脱贫。新冠疫情期间，同仁堂不仅联合其
他医疗机构研发抗疫药品和产品，还向各小区赠送药品用于新冠预防。

　　"敬天"在同仁堂的经营中意为积善，认为天注视着人的一言一行，
人积善，天降吉祥，积不善，天降灾殃。300 多年间，同仁堂经历了八国

联军入侵、新中国成立、中国加入 WTO 等诸多历史重大事件。如果不能依循自然之理，跟随人间正道，同仁堂不可能在历史长河的冲刷下屹立不倒。除了企业的战略决策，药品的开发方面也需要"敬天"。人类对药理药效的了解是非常有限的，如果随意更改药品制作的流程，降低药材选用的标准，可能造成难以估量的后果。同仁堂严格遵守"炮制虽繁必不敢省人工，品味虽贵必不敢减物力"的古训，如果没有可靠的实验证明对疗效没有影响，就严格按照书籍记载的方式制作。当然，敬畏之心并不是药品开发的重心，如何契合患者需求进行药品创新才是"敬天"的真正内涵。同仁堂积极吸收西药制备的相关技术，1952 年同仁堂当时的掌门人乐松生成立国药研究所，邀请北京大学药学系教授郑启东共同研制了银翘解毒片、香莲片、牛黄上清丸、女金片四种新药。1957 年，同仁堂中药提炼厂正式成立，开创了中药西制的先河。同仁堂中药提炼厂成功研制出了许多珍贵药材的人工提炼方法，大大降低了成本，使得中药得到了更广泛的应用。随着现代社会的发展，人们的压力逐渐增加，患者对精神疾病药品的需求也扩大了。同仁堂关注到了这一现象，与军事医学科学院等多家药物临床试验机构联合开发了首个治疗抑郁症中药新药——巴戟天寡糖胶囊，弥补了中药在治疗抑郁领域的空白。该药品的原料——巴戟天是四大南药之一，有多年的用药历史。通过先进的制备技术，可以从巴戟天中提取出一系列寡糖类物质。药理学研究结果显示，相比于抗抑郁首选药品盐酸氟西汀，巴戟天寡糖胶囊不仅治疗轻中度抑郁症的疗效与其相当，而且不良反应更轻。

2.5 典型案例——"敬天爱人"思想在东方国际管理中的实践

"敬天爱人"的另一个代表是东方国际（集团）有限公司（简称"东方国际"）。东方国际集团成立于 1994 年，由上海市外经贸系统的丝绸、服装、纺织、针织、家纺五家专业外贸公司联合组建而成。纺织行业作为上海传统工业，曾经在 20 世纪末因为不适应经济转型需求，被压缩产能。但是，在中国加入 WTO 后，纺织行业在巨大需求的刺激下产能迅速恢复和增长。同时，东方国际也面临着新的挑战，在世界各国产品的冲击下，急需提高纺织技术，把生产导向变成市场导向，以满足中国和全球消费者的新需求。为了顺应新的时代要求，东方国际在国内外展开了一系列活动。

董事长童继生认为作为大型国有企业，东方国际掌握更先进的技术和雄厚的资源，生产生命纺织品、军用纺织品等高科技纺织品是企业的责任。因此，东方国际一方面提高国内的生产技术水平，设立了汽车用纺织品科学实验室和羊毛衫研究院等，建设智能化纺织产业体系，实现产品智能化、生产智能化、库存管理智能化、供应链管理智能化、销售智能化和服务智能化；另一方面积极和更先进的企业开展战略合作，学习先进技术，共同开发国际市场。在大众纺织品方面，东方国际也迅速学习国际先进做法，利用时装周等活动了解市场的需求，根据市场需求灵活地开展生产。

东方国际是一家国际贸易公司，进出口业务占比非常高。因此，国际形势和文化潮流的变化对企业有着巨大的影响。东方国际董事长童继生认为，全球化的 1.0 版本可以简单理解为以欧美垄断企业为代表的全球化，但是现在的全球化已经不仅仅是欧美主导，而是全球发展的全球化，亚非拉国家的市场尤其需要重视。欧美国家先进的技术和充足的市场经验值得东方国际学习，而亚非拉等新兴市场更加适合集团开拓。在时尚趋势方面，东方国际也有深刻的看法。东方国际认为，自古以来，东西方的时尚趋势就在相互影响和不断融合。近代由于社会发展水平的差别，西方时尚得以更广泛流传，而现在各国人民都有强烈的对美的追求，各国文明都有走出去的机会，未来的时尚趋势将是东西方文明的融合。利用融合思想，东方国际开发了融合东西方面料、工艺和文化特点的新中装。在和国际品牌进行代工或贴牌合作时，东方国际也会建议在设计中加入东方文化元素，并取得了很好的市场反响。

作为一家较早成立的新型贸易国有企业，东方国际一方面需要面对中国经济文化发展带来的变化，另一方面需要应对全球化的挑战。为了提高企业经营的效率，东方国际在国有企业改革后进行了进一步的体制改革，扩大混合所有制，把二级或者三级的外贸公司和一些优质的民营外贸公司进行混改，让民营企业家拥有经营决策权。在经营海外业务方面，东方国际从引进技术和理念开始，发展到代工和贴牌合作，最后自己"走出去"，建立属于自己、属于上海的品牌，举办国际知名的时尚活动，并且积极整合全球资源，推行跨国战略。用童继生的话，就是"中国品牌、欧美设计、亚洲制造、全球发布"。东方国际的体制变革体现了生产关系与生产力矛盾运动的客观规律，而国际业务进程和乌普萨拉模型[⊖]相符，顺应了国家竞争优势由劳动力成本优势到高质量人力资源的变化，是"敬天"的典型表现。

此外，东方国际也积极履行社会责任，关怀人民。2020 年，肆虐全球的新冠疫情催生了大量防疫产品的需求。东方国际董事长童继生根据应对 SARS 的经验，在看到媒体关于新冠疫情的报道后，就立刻通知下属企业做好采购防疫物资的准备。短短几天之内，东方国际集团筹措到约 100 万只口罩，随后又从海外采购大量物资，解决了上海市民防疫的燃眉之急。之后，东方国际集团又自己设计和生产口罩机，保障更多地区人民物资需求。作为国际贸易公司，东方国际的"爱人"跨越了国界。一方面，在公司的国际化过程中，东方国际对每一个国家的利益相关者一视同仁。董事长童继生曾表示，企业必须学习在不同风俗习惯、人文环境中生

　⊖　乌普萨拉模型是瑞典 Uppsala 大学的 Johanson 和 Vahlne 在分析瑞典企业国际化过程的基础上提出的，他们认为国际化是一个循序渐进的过程：少量出口、代理出口、建立海外销售机构、海外直接生产。

存，首先要尊重和理解他国文化，让他人接受你，才能逐步建立起共同语言，实现合作和进步。另一方面，在各国经营业务时，东方国际都坚持节约资源和保护环境，并且在设计和生产产品时融入当地的历史和文化价值，为全球人民创造更多物质财富和精神财富。

"敬天"对于企业的战略决策至关重要。不尊重客观规律，不以正确之道行事，企业不可能长久地维持下去。要做到"敬天"，企业首先需要明确自己的核心业务逻辑，理解业务的价值和意义。在明确业务逻辑和客户群体后，才能根据用户需求的转变，结合宏观经济和社会环境的情况，理解业务发展的客观规律。其次，企业要对内部资源和能力进行理性和全面的分析，制定符合内外部环境的策略。"爱人"则能帮助企业维护和利益相关者的关系，实现可持续发展。"爱人"首先要求企业关怀核心利益相关者，如客户和员工。最后，企业需要积极和高效地履行社会责任。在高度不确定的环境下，要求企业进行稳定的慈善捐赠非常不现实。企业可以利用自身的闲置资源，或以更擅长的方式关怀社会。对于同仁堂来说，可以是关注患者需求的药品研发，对于东方国际，则可能是融入各民族文化价值的服装设计。

"敬天"明确了企业的发展方向，时刻纠偏；"爱人"确立了企业的存在意义，长久续航。只有"敬天爱人"，方能基业长青。

第 3 章

以人为本，以德为先

"以人为本"是中国传统思想文化的精髓之一，《尚书》中就已经出现了"民惟邦本，本固邦宁"的说法，儒家更是主张"仁者爱人""民贵君轻"的人本思想，"以人为本"也成为当代管理科学提及频率极高的一个词。与"以人为本"一起被多次提及的则是"以德为先"，周代就已经提出了"以德配天"的思想，即所谓"天视自我民视"，重视治国的"民本"理念和道德意义。这与西方现代管理体系"见物不见人"的特点不同，"以人为本"是东方管理的精髓。东方管理学派的创始人苏东水先生将东方管理的本质概括为"以人为本，以德为先，人为为人"，其中"以人为本"是这一切的基础与核心。

3.1 以人为本

"以人为本"一词的完整提法最早出自《管子·霸言》："夫霸王之所始也，以人为本。本理则国固，本乱则国危。"管子在这里阐述了"以人

为本"对于强国固本的重要性。但管子在这里所提出的"以人为本"主要
停留在工具论的层面上，重视人民实际是为了发展国家，而并非真正关注
人民的思想与生活。《周易》作为中华文化思想流派的渊源之一，其中同
样含有丰富的"以人为本"思想。《周易》的主要理念在于"平衡"与"和
谐"，而如何达到这样的"平衡"与"和谐"，则主要是要通过"人"来实
现。苏东水先生在《东方管理学》中提出，为了"人道"的"和谐"，《周
易》的人本管理理念，就是"君子进德修业，忠信所以进德也，修辞立其
诚，所以居业也"。[○]

　　对"以人为本"思想阐述最为深刻的是儒家。孔子的主要思想核心就
是"仁爱"，而"仁爱"则着重强调了对"人"的重视。如在《论语·乡
党》中就有记载："厩焚。子退朝，曰：'伤人乎？'不问马。"孔子首先关
心的是人的伤亡，而非自己的坐骑，在被问及什么是"仁"时，孔子一说
"爱人"（《论语》），又说"仁者，人也"（《中庸》）。可见，孔子认为"仁"
的根本含义是"人"，肯定了人的尊严与价值，是"以人为本"思想的重
要体现。孟子更在此基础上提出了"民为贵，社稷次之，君为轻"的人本
思想，相比起管子所提出的作为固邦之本的"以人为本"，孟子显然更进
一步，将人民置于社稷与君主之上。荀子同样提出了"君者，舟也；庶人
者，水也。水则载舟，水则覆舟"的思想，两者都高度重视人对国家社稷
的巨大作用。此外，"以人为本"也是道家的主要思想内核，展现了道家
对生命的关怀，揭示了人与自然之间的关系，通过"人法地，地法天，天
法道，道法自然"来达到人与自然的和谐统一。

　　可见，在先贤们的思想中，"以人为本"不仅要求重视人的价值与根
本利益，也要注重人在群体关系中的协同，以此实现人与自然、人与社
会、人与人关系的和谐发展。

　　○　苏东水.东方管理学 [M].上海：复旦大学出版社，2005.

3.2　以德为先

"以德为先"的思想源远流长，在汉朝的著作《大戴礼记》中就记述了黄帝、颛顼、帝喾、尧、舜、禹的行为，并以行为来彰显他们的"德"，"圣王之盛德，人民不疾，六畜不疫，五谷不灾，诸侯无兵而正，小民无刑而治，蛮夷怀服"，认为正是因为他们的德行顺应天道，才使天下安稳。到了西周就有了"德治"的概念，周公在总结历史经验教训的基础上，提出"皇天无亲，惟德是辅"的思想，即要在大道上正确行动，并出现了以道德为核心的礼制，具体表现为"以德配天"和"明德慎罚"，将"道德"作为治国理政的重要规范。《尚书》中对周文王和周武王的德行十分地推崇。这一时期的"以德为先"主要是对统治者和上位者的要求，要求他们要自省修德，才能治理好天下。

儒家则将周礼的思想发扬光大，孔子对周礼极为推崇，进一步强调了礼制下的社会和谐，并提出了"为政以德，譬如北辰居其所而众星共之""道之以德，齐之以礼"等重要言论，认为统治者要爱人修德，知人善任，才能取信于民。如在《论语·子路》中就提出："其身正，不令而行；其身不正，虽令不从。"与周代的"德治"相比，儒家的"德"显然有了更深的内涵，除了对统治者的德行要求之外，还提出了通过"道德"来教化民众的思想，认为"道之以政，齐之以刑，民免而无耻；道之以德，齐之以礼，有耻且格"。除此之外，孔子还详细地叙述了"道德"的具体内涵。首先，他认为中庸是道德的最高标准，"中庸之为德也，其至矣乎"。中庸是一种和谐与平衡的表现，宋儒将其解释为：不偏不倚，选择行为之恰到好处，谓之中；就日常生活之长期坚持，谓之庸。其次，他又具体阐释了如何"崇德"："主忠信，徒义，崇德也。"意为：以忠厚诚实为主，行为总是遵循道义，就可以提高品德。孔子又一再强调，要"见利思义""见得思义"，就是在面临问题时，一定要首先考虑这利本身和求利的方式是否合乎"义"，以此指明了提高道德的基本路径。

可以发现，"德"在不同的时代有不同的具体内涵，但不变的是，任何时候，人才的成长和造就，以及对于人才的培养，都是将"德"放在更为突出的位置上。个人的才干必须要在"德"的引导下才是对社会有益的。因此，"德"是发展的前提与灵魂，这也是我们强调"以德为先"的原因，哪怕是才能平庸的人，只要立得住"德"，也能在自己岗位上兢兢业业，为时代做出自己的贡献。

"以德为先"主要可以体现为两个方面。一是在思想层面，几千年来崇尚"以德为先"的中国社会早已铸就了诚信、忠义、中庸的道德内涵。这是中华民族的文化渊源之一，具体的内容则可用"内圣外王"来概括。虽然"内圣外王"出自《庄子》，意为自身修行达到极致，与外界和谐共生，但自北宋以来，儒家借用了"内圣外王"来解释儒家思想，"内圣外王"就成为儒家的内在道德追求，个人只有努力地提高自己的道德修养，才可以发展外在的事业，最终达成一种"内圣外王"的最高追求。因此，以德为先，首先要求的就是修己，只有修己才能安人，并且进一步达到整个社会的安宁与稳定。二是在制度层面，中国长期以来施行的都是"德治"，强调发挥道德的影响力，重视教化的力量。孔子提出的"为政以德"，就是认为"德治"是治理国家的根本手段，而具体表现则为"礼"。这些制度虽然没有法律的约束力，但同样对社会发展与治理起着十分重要的作用。"以德为先"体现在企业的管理中，则是要求管理者以自身的人格力量感召员工，用"德"为员工塑造一个公正、诚信、民主、友爱、宽松、和谐、融洽的人际关系和客观环境。

3.3 "以人为本，以德为先"在现代管理学中的含义

当今世界的企业竞争，已经不仅仅是产品和市场的竞争，更是人才的竞争，如何发挥广大员工在企业中的主体地位是企业的竞争核心。在西方

管理学的发展过程中，从"经济人"到"社会人"，从机械论的角度把人当作运转事物来看待，到认识到人的价值和尊严，进而重视人、尊重人，确立以人为核心的管理理念，经历了一个漫长的时期。"以人为本，以德为先"的思想理念植根于中国文化的沃土之中，与当代管理学的精神并不相悖，反而对于企业的管理有积极的作用。

树立"以人为本"的管理思想，就是要充分地尊重人、理解人，把人的价值放在首位，满足员工的多重需求，并把人作为管理活动的核心，充分发挥人的积极性、主动性和创造性，以此来提高企业的核心竞争力；在此基础上，苏东水先生进一步提出，"以人为本"就是要"通过给人们提供充分施展才华的空间，不断地运用挑战来锻炼人的智力、体力乃至意志品质，并在此全面发展的基础上，努力实现摆脱自然束缚的自由发展，提高人的生命存在质量"。[一]在这里，苏东水先生把人视作管理活动的目的，而非工具。此外还需注意的是，"以人为本"重视人与自然、人与社会以及人与人之间关系的和谐发展。在企业管理中也应当重视这一点，重视企业人文精神的塑造，为员工塑造一个和谐的工作氛围，培养员工以企业为家的自主意识，形成强烈的主人翁责任感和团队归属感。

"以德为先"的思想理念则是强调道德在管理中的作用。首先，"以德为先"对管理者有着严格的要求。管理者在管理企业的同时要重视培养自己的德行，以身作则，通过自己的榜样力量形成一种良好的企业文化。儒家讲究通过言传身教来规范民众的言行，在企业中则要求管理者通过这种方式来规范员工的个人行为，培养塑造企业员工的个人道德素养，以此来达到一种柔性管理。其次，"以德为先"要求企业在市场竞争的过程中必须符合一定的道德规范。一是要保证企业的质量道德，实践"质量是企业的生命"这一口号，以此来树立良好的商业信誉；二是要求企业在竞争过程中保证一种良性竞争的道德品质，而不是唯利是图，为了达到目的不择

[一]　苏东水．东方管理学 [M].上海：复旦大学出版社，2005.

手段。现如今全球化的经济背景下，竞争与合作并行，在满足企业自身利益的同时，也要注重企业间的合作，加强良性竞争，以此来促进社会经济、生产力的进步发展。

"以人为本"与"以德为先"并非割裂的，正是因为"以人为本"这一基本理念，让"人"得到了重视，也正因为如此，在中国的管理体系之中，追求的是人与人之间的和谐，人与自然之间的和谐，而"以德为先"正是践行"以人为本"的重要体现。在这一过程中，管理者不仅要重视人的发展，还要以自身的德行来领导员工，激励员工，在企业管理的过程中也做到以德为先，才能真正促进企业员工的发展，做到真正的"以人为本"。

"以人为本，以德为先"要在企业管理中真正得到落实，可以从以下几个方面入手：

首先，在制度方面，要建立完善的机制，保障员工的利益，满足员工的需求。同时还要注重对员工的培训与教育，给员工以充分施展才能的空间，提高他们自身的能力与价值。

其次，在管理层方面，管理者要以身作则，为员工树立良好的榜样。这就要求管理者时刻自我提升，注重道德方面的修养，达到修己安人的效果。

最后，在企业文化方面，要营造一种"以人为本，以德为先"的企业文化与氛围，并在此基础上设立愿景、使命和价值观，贯彻到公司的战略决策和日常流程中去，以实现整个企业的"以人为本，以德为先"。

3.4 典型案例——"以人为本，以德为先"在九如城集团管理中的实践

"以人为本，以德为先"深深渗透了中国企业的管理实践，已经成为中国大部分企业的共识。企业需要从物质保障和心灵健康两方面关怀员工，保证员工的个人发展，用德行引领员工，创建和谐友善的企业氛围。

　　但是，实践中"以人为本，以德为先"得到全面和深度推广的中国企业不多。在这方面，九如城集团（以下简称九如城）可谓个中典范。在国内房地产产业发展的黄金时期，其董事长谈义良却选择抽身转向养老服务业，自 2009 年起步，历经多年的探索与开拓，目前已布局浙江、四川等 10 多个省份，进入 60 余个城市，以区、县为单位，实现全生命照护和全区域覆盖。在谈及创立九如城的初心时，谈义良表示主要是为了回报社会，"我们这代人是改革开放的得益者，那么我所考虑的就是，我所取得的社会资源，能不能去服务更多的人"。[⊖]也正是因为如此，九如城集团才取得了今天如此的成就，集医、康、养、教、研、旅为一体，服务惠及百余万家庭。

　　九如城"以人为本"的理念主要体现在两方面，一方面是从客户层出发，即协同社会打造以人为本的未来美好社区，完成"替天下儿女尽孝"这一伟大公益梦想。以人为本，九如城认为就是把每一位长者当成自己的父母，理解他们，孝顺他们，陪伴他们，这也是在养老服务这条路上必须做到的事情。九如城认为，每一位长者都是一本极具文化底蕴和内涵的书，要去做好服务，首先要读懂他们。只有把长者当成书，去读懂他们，与他们建立心与心的连接，听到他们心底的呼唤，才能让服务有温度，更有深度。对老年人群生命的珍视，折射出人权保护的分量，更能反映出社会的文明程度，"老年人为家庭与社会贡献了一生，在人生暮年最需要得到关爱"。这也是九如城一直以来所遵循的理念与坚持。

　　武汉暴发新冠疫情之后，九如城在董事长谈义良的带领下迅速反应，支援武汉，不仅提供了大量的物资，同时也组建了武汉支援团队进入武汉。在完成驰援武汉的使命后，九如城并没有停下防疫的脚步，而是将九如城的成功防疫经验修撰成《疫情下养老机构运营管控手册》，并在整个

⊖　复旦大学校友会.谈义良：对当下的笃定和对未来的坚定，来自复旦的学习 [EB/OL].（2013-02-16）[2023-08-08]. http://alumni.fudan.edu.cn/5a/76/c14599a481910/page.htm.

武汉推广这套养老院防疫机制，同时主动与全国各地的民政部门和养老机构沟通，去多个城市开展防疫宣讲。董事长谈义良认为："在率队驰援武汉的过程中，我觉得养老机构应增强'人民至上、生命至上'的抗疫理念，在壮大养老产业的过程中不忘初心与本质。"⊖

九如城"以人为本"理念的另一方面则在于其"从心出发"的人才体系。九如城认为企业的发展最终要靠员工价值最大化的实现，而要实现这一点，就要始终秉承"以人为本"的原则，为员工的发展和成长提供平台和支持，让员工在平台上充分展示个人所具有的智慧与能力。

首先，九如城关注员工的内心世界与需求，注重员工自我身心平衡、家庭平衡，并努力帮助员工实现自我的价值。具体来说，九如城尊重员工的意愿和职业规划，并通过员工幸福体系来保障员工个人和家庭的幸福，让员工没有后顾之忧地奋斗在自己喜欢的事业中。同时，九如城也致力于在企业日常经营中营造"心生万法"的氛围，激发员工内心无限的潜能，使其具有强大的使命感，向着共同的伟大目标不断迈进。

其次，九如城认为在管理中要以人为中心，实现人的全面、自由的发展。尤其是在养老行业，用人原则就是在合适的岗位上选择合适的人来做事，用其所长，根据员工的能力和需求进行激励，并注重对员工的人文关怀，创造良好的激励环境。其中，九如城特别重视对奋斗在一线的养老员工的关爱与尊重，九如城希望把一线打造成为造就专业养老人才的广阔平台，让每一个员工都能在九如平台上成就自己的事业，实现个人价值。九如城更希望能够营造尊重养老服务人才的社会氛围，让更多年轻人看到养老行业光明的未来。

最后，九如城还十分注重德行的修养，即"以德为先"。一方面，九如城认为管理者应有较高的道德修养，"修己"以"安人"，通过个人魅力

⊖ 吴宇，胡文嘉.中国养老机构强化"人民至上、生命至上"价值理念[EB/OL].（2020-08-28）[2023-08-08].http://baijiahao.baidu.com/s?id=1676253078266200157&wfr=spider&for=pc.

和优秀的道德品质来影响企业员工，建立良好的企业文化与氛围。另一方面则是要求企业员工也拥有较高的道德修养，以更好地完成本职工作。养老企业的性质决定了养老人才的选拔要更重"德"，而不是只看"才"，尤其是一线的养老员工。在常年面对处于弱势地位的老年人群体的情况下，如果养老人员缺乏良好的道德素养，很容易造成虐待老人等事件的发生。因此，即使是在人才紧缺的情况下，九如城也依然重视养老服务人才的个人道德与职业道德的修养，在招聘过程中坚持以德为先、德才兼备的招聘理念，并构建了九如城的人才甄选机制和人才评价机制，确保能够甄选出真正爱老、敬老的专业人才。

根据中华文化中的人本思想，企业最重要的贡献在于人，而实现对人的教育和培养需要德治。随着社会发展，西方管理也从"物本"逐渐发展为"人本"。可以说，"以人为本"已经成为东西方管理的核心。"以德为先"则是"以人为本"在实践个人品德方面的体现。如今，中国企业贯彻"以人为本"不仅需要通过企业文化实现德治，也需要设计科学合理、符合人性的制度体系。

第 4 章

整体运营，和谐管理

中华文化中蕴含着深邃的系统思维方式。《周易》以"天人合一"的宇宙思维模式为我们构筑了一个包罗天、地、人、事、物万象的完整世界。它注重从整体的角度去认识世界，把人看作一个互相感应的有机整体，造就了中国人善于采用整体、全息和系统的思维方法，历久弥新。尤其在多变、复杂、模糊以及不确定的当代，应用整体、系统的方法与和谐管理的理念应对不确定的环境，是管理实践的大智慧。

4.1 "整体运营，和谐管理"之核心要义

在管理理论领域，管理丛林缺乏系统的应对之道。学者也不断地根据新的管理需求提出了如组织学习、核心能力、流程再造等新的管理理论。然而，各理论局限于其特定的研究视角，难以给出应对不确定性的综合的、整体的策略。在这样的实践背景和理论背景下，逐步形成了"整体运营，和谐管理"的理论观点。和谐管理的理论观点自学者席酉民于 1987

年提出以来至今，历经三十余年的发展，已经逐步构建以和谐主题、和则、谐则等为核心概念的现代管理理论体系。在和谐管理理论观点的基础上，融入西方系统整体论的思想，从世界的普遍联系理解整体，认为企业的发展需要立足于整体战略目标，推动每个部分有效运转。

位于中国管理模式三角模型顶层的中国管理哲学，是中华民族历经数千年积累、沉淀形成的对管理的基本认识和指导管理实践的方法论，尤以儒、释、道、兵最具影响力。古典管理哲学，以《周易》为理论基础，结合儒家、法家思想实行管理，主张从自身做起。《大学》有云："古之欲明明德于天下者，先治其国；欲治其国者，先齐其家；欲齐其家者，先修齐身。"中国现代管理哲学具有很强的包容性，不完全等同于中国古典管理哲学，又不是西方管理哲学的照搬。中国人崇尚"仁""义"二字，喜欢"中庸之道"，是对古典管理哲学的继承，但经过管理发展的拿来主义、反思、创新三个阶段后，又有了新的认识。

"整体运营，和谐管理"的原则必须符合自然法则，遵从人类的自然理性和正义的标准。从内部到外部，推己及人，由人到社会万物，遵从"神"和"效率"的原则，在建构组织规则的基础上，升华对人性的认知和组织使命愿景的引领，实现个人发展和组织成长的协同并进，组织发展与社会进步的和谐并处。

整体运营是把经营、管理、运营三者结合起来，围绕着企业的人、财、物三大要素进行有机化、系统化运作的模式。整体运营围绕企业战略、客户、商业模式、产品、组织架构、人力资源配置、流程管理、内部控制八大关键要素，通过横向的经营、管理、运营三大层面进行有效贯穿，真正从战略制定、路径分解、战术执行、循环运作来实现系统化的持续循环运转。

战略在企业层面来说，是一个自上而下的整体性规划过程，并将其分为企业战略、职能战略、业务战略及产品战略等几个层面的内容，战略是方向，定位就是取舍，决策就是谋断。客户是企业生存和发展的动力，是企业的重要资源，企业拥有客户就意味着拥有了在市场中生存的空间，而想办法留住客户是企业实现可持续发展的保障。企业经营是以市场为导向的，企业要提升核心竞争力以适应客户需求的变化，以先进的管理思想为指导，处理好企业与客户之间的关系来提高和维持市场占有率。商业模式是一个企业满足消费者需求的商业化系统，这个系统组织管理企业的各种资源（包括资金、材料、人力资源、作业方式、销售方式、信息、品牌、知识产权、企业环境、创新力等），形成能够提供及吸引客户购买的产品。产品是指能够供给市场，被人们使用和消费，并能满足人们某种需求的任何东西，包括有形的物品，无形的服务、组织、观念或它们的组合。一切产品都是围绕给客户创造价值为载体的理念来设计。组织架构是整个管理系统的"框架"，解决对于工作任务如何进行分工、分组和协调合作的问题，组织架构与战略匹配，通过定位，明确部门以及组织内部成员之间关系的性质。人力资源配置就是在具体的组织或企业中，为了提高工作效率、实现人力资源的最优化而对组织或企业的人力资源实行的科学、合理的方案。

流程管理是对企业内部改革，解决企业职能管理机构重叠、中间层次多、流程不闭环等问题，使每个流程可从头至尾由一个职能机构管理，做到机构不重叠、业务不重复，达到缩短流程周期、节约运作资本的作用。内部控制的核心是让组织有效运作的机制，用以保证企业经营的效率效果、财务报告的可靠性、对现行法规的遵循等目的的实现。

"整体运营，和谐管理"基于其对西方科学哲学与中国管理理论"和谐管理"思维优势的结合，逐步体现出了自身"宏观动态视野"和"复杂问题解决学"的应用价值与定位。这一原则给出的复杂问题解决思路是：企业或组织综合考虑内外部环境、未来趋势以及现有资源来确立发展的愿景与使命，即企业或组织发展的长期目标。愿景与使命能够在较长的时期内指导企业大的发展方向，因而也较为稳定。但在一个较短的时期内，为了使企业发展更趋近于企业的使命与愿景，考虑到一定时期内企业内外部环境以及自身实际情况，企业或组织需要辨识在这个较短时期内需要完成的核心任务以及需要解决的关键问题，这就是企业发展过程中的"和谐主题"。为了发展不同阶段的和谐主题，企业需要在和谐主题的指导下采取不同的手段。

在这些不同的手段与措施当中，"和则"代表为解决具有高度不确定性的管理问题而采取的"能动致变"的措施，其核心是利用由"人"的因素所带来的能动性来应对管理活动中的不确定性。"谐则"代表通过理性设计与优化来提升组织架构的有效性、工作流程与制度，对具有相对确定性的管理问题进行整体优化来应对由"物"的要素所引致的不确定性。"和谐耦合"指的是在实现和谐主题的过程中，"和则"与"谐则"之间动态调整以及适配来共同应对复杂管理问题的过程。领导者在复杂问题解决过程当中充当着重要的角色，企业使命和愿景的确定、和谐主题的确定都离不开领导者的管理才能与知识，并且领导者也是"和谐耦合"过程的践行者。许多学者在对我国商业实践的各个方面以及在管理理论创新的层面的剖析与改进建议中体现了"整体运营，和谐管理"的原则，扩展了这一原则的应用边界。

现有框架的问题解决思路是：结合环境变化、未来趋势与组织情境等确立愿景和使命，愿景和使命是发展的定位和长远目标，一般具有相对稳定性和战略意义；根据当下的情境辨识和谐主题，和谐主题是特定时期的阶段性发展目标和要解决的关键问题，可能随着发展调整或演化；在特定的和谐主题下，通过"耦合""和则"与"谐则"共同应对不确定性（Uncertainty）、模糊性（Ambiguity）、复杂性（Complexity）、多变性（Changeability）的环境，即 UACC，并不断地动态调整。其中，"谐则"是通过科学设计和优化降低不确定性的规则和主张，例如制度、流程和架构建设等，优化设计是运用"谐则"的主要手段。"和则"是通过参与者能动性的诱导演化以应对不确定性的规则和主张，激励机制、工作环境和文化的建设及创新生态的营造是运用"和则"的主要手段。管理者在愿景、使命与和谐主题的确定，以及"和则"与"谐则"的耦合过程中扮演着关键角色。简言之，在 UACC 环境中，当面对特定情境中的问题时，需要在遵从愿景和使命的基础上，分析特定阶段的和谐主题，并根据和谐主题来构建适当的"和则"与"谐则"体系以及耦合方式，并在发展中根据环境和运行情况不断进行动态调整，直到进入下一个"愿景和使命—和谐主题—'和则'与'谐则'体系—'和谐耦合'"的循环。经过多年理论发展和实践，我们进一步反思与提炼整体运营、和谐管理的理论原则，认为其秉持了人类活动是不确定、多样和具有多重意义的预设，把管理看作有限干预下的演化过程，即借助人类拥有的知识和经验，特别是自身的创造性，围绕目标"从更好到更好"的过程，该演化过程充满了博弈。和谐管理理论建立在系统演化观基础上，通过方向导引、践行融合力—平衡力—边缘创新力等助推构建共生生态系统。

在数字化、智能化的高度互联世界里，"整体运营，和谐管理"的原则有助于人们分层次、分阶段地精细地认识事物，把握问题所在，其问题解决思路（"主题导向下和则、谐则进行耦合"）能够提供方向导引，促进不同利益主体形成共识，并形成协作型的问题解决共同体与方案，这提供了共生关系建立的前提，进而在"和则""谐则"耦合互动基础上形成多元主体的共生生态系统。和谐管理不仅勾勒了共生生态系统的构建方式，还探讨了生态红利获取的途径：通过打破边界、融合、平衡、边缘创新等方式实现共享、共生等效应，并通过促进局部效应的扩散、反馈、指数型放大等实现生态系统的效应。

4.2 "整体运营，和谐管理"之应对策略

市场竞争的加剧、消费个性化、劳动者知识水平提高都要求组织能够快速反应、灵活应变，管理领域正在从纯理性主义的科学管理转变为关注

理性与非理性相融合的管理模式。"整体运营，和谐"管理对于 UACC 时代下企业如何生存发展具有重大借鉴意义。在这样的环境里，企业发展存在以下几种问题：第一，整体性割裂。当一项整体指标需要完成的时候，管理者会通过层级结构，分工合作，将不同的活动分给专业人士去完成，使得这个管理的活动得以有效进行。遗憾的是，在简单的劳动中，这种分工很容易协调。但是，面对复杂劳动的时候，这种分工很难协调，经常是每个人都在忙碌，整体的绩效却没有产生，甚至耗费了整体可利用的资源、时间。第二，生存环境频繁转变。当今时代，科学技术飞速发展，技术发明成果涌现。过去技术更新速度可能是十年出现一个新产品，现在几个月、半年、两年就出现一个新产品。面对生存环境频繁转变，每个企业都在应变，甚至在主动改变。但是，主动改变和应变都面临风险，企业应该如何处理变化、怎么控制呢？第三，因果链不清或者太长而无法追踪，企业失去了掌控能力。世界是复杂多变的，企业往往看不到问题背后的因果链，从而失去了控制手段和能力。

在这种情况下，需要应用整体、系统的思维方式，分析模糊、复杂、快变的内外环境，以应对经营环境的不确定性。于是，我们选取不确定性来刻画当今世界组织的内外部环境特征。组织不确定性研究中广为接受的是 Milliken（1987）提出的定义：不确定性是指由于缺乏信息或者没有能力区别相关和不相关的信息，个体感到不能精确地进行预测。⊖Simon 在 1997 年提出人们通常将管理作为"完成任务"的艺术，即我们可以认为管理是在组织中通过人及人群有效完成任务的学问。⊖在这样的描述中，管理活动明显地依赖于组织环境。Duncan 在 1972 年提出组织环境一般包括外部环境和内部环境。外部环境包括顾客、供应商、竞争者、社会

⊖　MILLIKEN J F. Three types of perceived uncertainty about the environment: state, effect, and response Uncertainty[J]. The Academy of Management Review,1987,12 (1).

⊖　SIMON H A. An empirically based microeconomics[M].Cambridge and New York:Cambridge University Press, 1997.

政治、技术等因素。内部环境包括员工因素、组织的职能及群体（部门）、
组织层因素等。[⊖]

　　当前社会在高技术的驱动下发生了空前巨大的变化，从宏观的社会经
济秩序、文化特征到中观的区域、产业的态势，乃至微观的组织特征、个
人的思想观念都在发生着巨大的变化。这些变化势必为组织的管理环境带
来前所未有的不确定性。综合对环境要素的分类，对外部环境可选取如下
指标（见表 4-1）分析其变化性、复杂性及难以预测性表现：产业竞争（顾
客、竞争者、供应商）、国际竞争、技术、社会变革、政府政策。从表 4-1
中可见，在外部环境整体呈现复杂、快速多变和难以预测的趋势下，管理
者势必会感知到越来越强的不确定性。

表 4-1　组织外部环境的变化性、复杂性及难以预测性表现

环境要素	变化性	复杂性	难以预测性表现
产业竞争	竞争激烈，顾客、竞争者、供应商的格局难以稳定	产业环境要素增多，关系多样	竞争格局没有明显规律，难以预测
国际竞争	产业的国际化趋势加速	国际市场竞争更为复杂，影响因素增多	缺乏明确规律，难以预测
技术	技术革新的频率日趋增快而且影响范围广	技术革新涉及范围广，影响要素多样	技术革新缺乏显著规律性
社会变革	文化观念、生活方式等变化显著	社会变革对组织具有多方面的影响	社会变革对组织作用规律不明显
政府政策	环境的多变性使得政府政策也随之变化	政府政策多样化，影响面广	难以预测的政策，很难随之做出正确预判

　　组织内部环境在一定程度上是对外部环境的反应。我们选取员工因
素、组织的职能及群体（部门）、组织层因素三个方面分析内部环境的不
确定性。就员工因素而言，管理学大师德鲁克（1999）认为，"21 世纪，
组织（包括企业和非营利性组织）最有价值的资产将是知识工作者及其生
产率"。知识经济时代，大量知识工作者的涌现无疑是组织内员工层因素

　　⊖　DUNCAN. The knowledge utilization process in management and organization[J]. Academy of Management Journal, 1972,15：273-288.

最大的变化。相对于传统的从事简单、重复劳动的体力工作者，知识工作者的工作任务更为综合、复杂，创新要求高，其劳动贡献很难单独计量。他们倾向于以工作目标为中心，而不是按照既定的工作程序，其行为相对隐性，难以评价。组织的职能及群体的变化一定程度上是对外部环境和知识工作者不确定性的反应。外部环境不确定性要求组织具有较高的应变能力和创新能力，知识工作者的不确定性则要求组织从"基于设计的流程化"管理办法向"员工自主式"的管理方法转变。因此，在组织职能层次上也出现了包括组织职能的多样、创新趋势，组织流程更为复杂，员工间的协作、相互依赖增强，组织冲突也更为频繁等变化。在群体（部门）层次上，团队管理得到了空前的重视，各种类型的团队如任务小组、品管圈、跨职能团队、委员会等在企业中非常流行。这些变化趋势相对于程序化的管理方法使员工的行为难以确定，结果也难以准确预测。在组织层因素上，未来的组织模式呈现多样化趋势，商业组织与非商业组织的边界更加模糊。近年来，战略联盟、虚拟组织、产业集群、集团公司等新的组织模式成为理论界研究的热点，分工和专业化生产的日益精细使组织间合作更加频繁，合作模式的创新是组织模式创新的原因。组织结构也呈现出由"科层→矩阵→网络"的逐步柔性化趋势。这些新的组织模式与组织结构相对传统的单一公司模式和直线职能结构相比，一方面是对外部环境不确定性的应对，另一方面使组织运作更加复杂和难以控制，结果也更加难以准确预测。

　　总之，管理者的有限理性在日趋复杂多变的外部环境、行为更加难以预测的知识工作者以及复杂多样的管理模式下更为显著，管理者感知的不确定性程度也渐趋升高。现代大型企业的管理者所感知的不确定性与手工作坊式的老板（可能同时扮演管理者、技术专家、营销人员多重角色）感知的不确定性不可同日而语，而支撑企业发展的管理理论也应该随之相应变化。

4.3 典型案例——"整体运营，和谐管理"在海尔集团的应用

回顾海尔集团的发展历程，海尔集团的发展史就是一部"整体运营，和谐管理"的奋斗史。几十年的发展历程中，海尔集团经历了名牌战略、多元化战略、国际化战略和正在推行的全球化品牌战略四个阶段。以国际化战略阶段为例，结合"整体运营，和谐管理"的原则，拆解海尔集团在这一阶段确定的市场链业务流程再造和品牌国际市场渗透两大任务目标。

从和谐管理理论的视角来看，市场链业务流程再造是海尔集团在国际化战略阶段下的第一个和谐主题，它指出了海尔集团为实现其国际化战略所要解决的核心管理问题之一是以市场链为纽带的业务流程再造。在市场链业务流程构建主题下，"市场链"被定义为：把市场经济中的利益调节机制引入企业内部。在海尔集团的宏观调控下，把企业内部的上下流程、上下工序和岗位之间的业务关系由原来的单纯行政机制转变成平等的买卖关系、服务关系和契约关系，通过这些关系把外部市场"定单"转变成一系列内部市场"定单"，形成以"定单"为中心，上下工序和岗位之间相互耦合，自行调节运行的业务链。在这一主题下，海尔集团分别从结构调整、流程整合、制度建设、各种管理措施或技术的使用等方面，对组织管理系统进行了全面的变革调整，逐步形成了围绕市场链业务流程再造、快速响应市场需求、组织结构调整、各项管理制度建立、流程整合调整等各项管理措施互动耦合的市场链机制。需要指出的是，流程本身虽然也是变革的对象，但其在整个管理系统变革过程中扮演着重要的角色，具有基础性的作用。另外，还必须要注意的是，在促进业务流程再造和谐主题实现的过程中，海尔集团还推行人的"再造"等管理措施，它们也是和谐管理机制的重要构成部分。

品牌国际市场渗透为海尔集团在国际化战略阶段下的另一个和谐主题。在这一主题下，海尔集团分别从组织结构调整、制度建设、流程优化

等方面对组织的运行与管理控制机制等进行了全面的变革调整，逐步形成了围绕品牌国际市场渗透、快速响应市场变化和需求、组织结构调整、各项组织与管理制度建立、流程优化等各项管理措施互动耦合的海外市场扩张机制。同样需要指出的是，除了管理优化工具与制度、结构与流程的调整设计等管理措施外，在品牌的国际市场渗透主题下，海尔集团还采取人员培训和文化塑造等管理措施。在推行国际化战略的过程中，张瑞敏对企业的流程再造基础有一个深刻的认识，他指出："流程再造先要再造人。在我们内部，企业流程再造的关键是观念的再造，所以流程再造的基础首先是海尔文化，另一个是 OEC 管理法。"从 2000 年 10 月起，每个周末就成了海尔集团中、高级管理人员的培训课时间，并成为一项制度延续至今。上课的内容是分析、解决各个部门本周出现的问题。海尔集团领导通常也会利用这个时间提出流程再造的阶段性指导思想，并与他们一起讨论。而会后，培训的课题自然就成了这些管理人员下周的作业，将精神传达给他们的下级，以便在实践中进行检验。

从整体运营、和谐管理理论的视角对海尔集团围绕市场链业务流程再造和品牌国际市场渗透两大目标进行变革的管理实践的分析发现，尽管不同目标下所采用的变革方法和内容均有所不同，但都可归结到和谐管理的框架体系之中，如结构的调整、制度的建立、流程的优化、文化的塑造和人的思想行为再造等。这些都属于和谐管理"谐则"体系或"和则"体系的内容并形成相互咬合的管理系统，从而推动了管理变革目标的快速实现。不同的和谐主题下，虽然管理变革的具体内容有所不同，但都可归结为结构、制度、流程、文化、管理工具和方法等共同因素。

张瑞敏曾说："没有人把新酒装在旧皮囊里，若是这样，皮囊就裂开，酒漏出来，连皮囊也坏了。唯独把新酒装在新皮囊里，两样就都保全了。"于是，他决意"新酒必须装到新皮囊里，不能装旧瓶。你接触了很多新东西，但不能放在原有的旧思维里，否则是白搭"。这似乎也可以解释为张瑞敏在建构和解构、进化海尔集团的管理思想和理念过程中的逻辑。基于此，海尔集团便有了由战略转型、组织重构和关系转变所带来的整个商业模式的重建和进化。与其说这是一种着眼于"效率"的制度的完善和变迁，不如说这是一种"精神"的引领、"信念"的征服。海尔集团的精神和信念，就是内在的品质和外在的美誉，以及由此带来的内外兼修的和谐之美。

　　"整体运营，和谐管理"原则从影响组织发展的内耗入手，基于系统、整体、和谐等概念来理解组织的运行机理，看起来具有鲜明的"中国味"，实际上对人类面临的UACC的挑战具有普遍意义，而且价值和作用日益凸显。和谐管理理论直接来源于对中国改革开放以来组织发展的经验观察：内耗的存在，以及"人的因素"作用的耗散。

第 5 章

中西兼容，古今相通

中华优秀文化是中华民族的精神源泉，涵盖社会政治、经济等方方面面，也是构建中国管理学、打造中国管理模式绕不开的关键要素——管理文化的重要内容。管理文化是管理的核心内涵。每一个国家和民族的管理学一定会打上本国家和民族的文化烙印，自成特色。管理模式如果没有文化内涵，则成了无源之水，无本之木。中国管理学的构建、中国管理模式的打造，是在自有的上下五千年的中国文化，以及融合的各国先进管理文化的基础上实现的。中国管理学和中国管理模式是管理学发展历程上的"新路标"，促进了管理学的发展。

5.1　管理是一种文化

1911 年，泰勒出版了《科学管理原理》，标志着管理学的诞生，从此以后，关于管理的根本属性是科学还是艺术的争论就从未平息过。"科学派"强调，管理学需要运用大量的数学工具和计量手段，需要借鉴其他学科如物理学、生物学乃至生命科学等自然科学研究成果与研究方法来充实自己，因此所有的管理学理论都属于科学范畴内容，放之四海而皆准。而管理效果之所以出现差异，是因为管理者在将理论运用于实践的水平有差异。"艺术派"则认为，虽然管理学有其科学性的学术内容和学术范式，但其文化依赖性很强，管理行为的具体场景以及运用，和当时当地的文化有着非常密切深刻的关系。而且，无论管理的主体即管理者，还是管理的客体即被管理者，都是受到所处背景和现实文化形态深刻影响的人。因此，管理理论在实践中的应用和再创造都是一种艺术性的过程，在很大程度上取决于管理者的文化创造性和被管理者的文化适应性，很难被复制。

100 多年的管理学研究和实践历程告诉我们，管理学很难与其他理论学科一样，可以找到一些公理作为研究起点。即使能找到一些大家权可当作基点的"公理"，例如典型的"X 理论"和"Y 理论"、人的"需求层次理论"等，随着社会发展以及场景的变化，人们也会很快发现在许多情况下它们并不成立，或者成立的条件发生巨大变化。因此，以往的理论会不断被推翻，或者经典的管理学理论不断在新时代的管理实践中被抛弃。

把现代管理学视为科学，视为艺术，或视为科学与艺术两方面的完美结合，在过去的百年中，都有合理的部分。因为企业管理实践证明了它们都能为实现组织的目标做出现代管理学意义上的贡献，但这些观点似乎又都不足以来解释管理学的根本性质。

文化与组织心理学领域的开创者埃德加·沙因（Edgar H. Schein）指出："组织文化是日积月累的结果，这个概念不仅具有持久力，而且具有扩展性，甚至还被扩展到职业文化和社区文化。在国家层面，文化在帮助我们理解团体间冲突上，显得比以往任何时候都更重要，而在组织层面，文化也同样是理解团体间冲突的关键。"⊖管理是一种文化的积淀和表现。任何社会和组织的管理，都不是无源之水，无本之木，其管理理念、

⊖ 沙因.组织文化与领导力 [M].马红宇，王斌，等译.北京：中国人民大学出版社，2011.

方法、手段，都是该社会和某一组织历史传承的产物，无论管理者还是被管理者，无不受到所在社会和组织文化传统的影响。而就文化表现的现代性而言，任何组织的管理方式都是当代文化的体现，在管理活动中体现出来的各种形式的管理过程，都反映了当代文化的特点，带有时代的印记。[⊖]管理是一种文化，而文化要在互相交流、借鉴和学习中才能发展和创新。

5.2　中西兼容

建构中国管理学，打造中国管理模式，一定要克服两种倾向：

一是要克服文化虚无主义。文化虚无主义认为中国在管理思想理论方面就是一片空白，就是一无所有，就是首先应该彻底承认西方管理学的各种成就，全盘照搬西方管理学的理论体系，先将西方那一套理论、方法、体系等全盘移植过来，然后在此基础上再慢慢打造中国自己的管理模式，进而提炼中国自己的管理思想和管理理论。

二是要克服文化"陈陈相因"。所谓"陈陈相因"就是因循守旧，没有革新创造，片面认为中国作为具有 5000 年文明史的东方大国，各种思想体系博大精深，什么东西都是中国古已有之，管理思想和模式等也包括在内。

自从 20 世纪初创立管理学以来，在 100 多年的历史发展中，西方管理学者在市场经济逐步发展和企业不断壮大的过程中，构建了很多管理理论。这些管理理论指导各国企业不断完善和发展，为人类社会进步创造了巨大财富。另外，就管理实践而言，西方国家在经济长期发展中，由于其先进科技和经济实力以及不断提升的管理水平，出现了很多世界性大企业，这些企业成为全世界企业学习的标杆，向世人昭示了其企业管理的成功之处，因此得到大家的重视和追捧，这自然在情理之中。当代社会，文

⊖　苏勇. 传统文化对中国企业家的影响及文化基础观构想 [J]. 中国文化与管理，2021（1）：2-9，152.

化领域的话语权在很多情况下都和经济发展状况密切相关，发达国家由于在许多方面具有领先地位，其学术文化领域的话语权也就相应强大。不仅自然科学是如此，社会科学也是如此，而作为与经济增长及企业发展息息相关的管理学领域则更是如此。

从文化表现而言，任何组织的管理方式都是当代文化的体现，在管理活动中体现出来的各种形式的管理过程，都反映了当代文化的特点，带有时代的印记。因此，建构中国管理模式，既不能采取文化虚无主义的态度，也不能采取文化"陈陈相因"的态度。我们不能否认，在中国改革开放的四十多年中，以美国为代表的西方管理学理论给中国企业发展带来了"养料"，在这些管理学理论指导下，中国企业有了长足进步。如今，我们仍然要继续学习西方，包括虽然地处东方，但属发达国家日本的管理学理论，做到洋为中用，中西兼容。同时，在21世纪的今天，中国企业要走向国际，也要充分建立起文化自信。我国的管理科学正处于从跟踪、模仿走向自主创新的关键时期，在中国的企业管理中，我们要倡导在理论指导下的实践，更要倡导有实践基础的理论。因此，创建并壮大中国管理学，是中国管理学者及企业管理者义不容辞的责任。

从世界范围来看，管理学理论的发展，在历史上曾经呈现出一个三角现象：中国学美国，美国学日本，日本学中国。

在中国改革开放至今的四十多年中，中国管理学者和企业家，起初主要是学习美国的管理学理论。不论是管理学者的专业进修还是管理学专业的学生留学，首选都是去美国。中国如火如荼的MBA、EMBA教育，也是主流上学习美国的教学体系和课程。在20世纪90年代和21世纪初，中国管理学课堂上讲授的是以美国为主的西方管理学理论和可口可乐、惠普等美国公司的案例。企业管理者所学习和借鉴的同样是美国等企业的管理模式，一批又一批的企业家远赴西方学习考察，将美国等西方国家的企业管理经验拿回来运用在中国的企业管理当中，通用公司、福特汽车的管理模式成为中国企业的管理样板。

而在 20 世纪七八十年代，随着《日本第一》(*Japan as Number One*)等一批介绍日本经济崛起的书籍在美国出版，美国社会各界都普遍意识到在美国以外的国家，同样有一批优秀企业，在这些企业的管理实践中，也产生了众多优秀管理思想。所以当时美国等西方国家有大量学者去日本访学，开始将关注的目光转向东方。随之，《日本企业管理艺术》《Z 理论》等一批由美国学者撰写的论述日本管理思想的著作纷纷问世，成为当时的一股潮流。

然而，日本的很多企业家和学者，热衷于从中国文化和管理中吸取养分。日本近代经济的领航者，创办过 500 多家企业，被誉为"日本企业之父"的涩泽荣一（1840—1931），自幼便崇拜孔子，将幼年所学的《论语》作为立身处世的规范，并积极地致力于将《论语》思想运用到经商实践中。他早在 1916 年便将其在多处的讲义汇集出版了《论语与算盘》一书，主张伦理道德与经济的统一，鼓励人们修学向上。《论语》堪称儒家圣经，以"仁"为核心，讲信修睦，规范着中国社会的思想行为；"算盘"意指商人的经营管理，获取财富之术。两者貌似风马牛不相及，而涩泽荣一先生用七十多年的工作经验和处世智慧，提倡"义利合一""士魂商才"等儒商理念，指出不道德、欺瞒等所谓小聪明绝不是真正的商才，真正的商才当以仁义、人格、修养、情谊等道德准则为根基，将《论语》与"算盘"完美地结合于一体。涩泽荣一先生所倡导的儒商精神对日本企业乃至整个日本经济都产生了深远影响。此后，不少日本学者不仅从《论语》《孙子兵法》等中国传统文化经典中吸收营养，还学习现代中国的"大庆精神"等企业管理经验，加以吸收改造后成功运用于日本企业。

此外，曾经的"亚洲四小龙"，即新加坡、韩国以及中国的香港和台湾，因为市场经济发展较早而且较为充分，其优秀企业的成功经验和在实践基础上总结出来的管理模式和理论，都成为中国大陆企业的学习榜样，同时也为中国管理学的发展提供了丰富养料。

中国企业第一代掌门人，绝大多数都没有系统接受过西方管理学教育，他们在企业管理方面的成就，基本都来源于自身的探索、冒险精神和对外部环境的敏锐感知。企业家精神的三种主要特质，冒险、创新、社会责任，在他们身上充分体现。在改革开放的最初时期，他们走遍千山万水，说尽千言万语，想尽千方百计，吃尽千辛万苦，以顽强的拼搏精神和百折不挠的毅力，率领企业不断战胜各种困难，为中国经济发展做出了巨大贡献。其中，也有他们因为企业发展需要或者自觉学习西方优秀管理思想的因素。

《改变世界——中国杰出企业家管理思想访谈录》记录了50位中国优秀企业家，其中不少或是在20世纪末去西方企业学习考察，汲取养料，例如张瑞敏、柳传志等，成功地将西方管理思想和中国管理实践相结合，或是像宁高宁，1983年作为中国第一批去西方接受MBA教育的管理者，系统学习了西方工商管理知识。这些企业家无论通过何种方式学习西方管理经验，都做到了学习并不迷信，将西方企业管理的成功经验和中国企业管理实践紧密结合，在此基础上进行了有效创新，创造了新的辉煌。宁高宁先生对此就有非常清晰的认识。他坦承，在美国留学的那段经历使他对企业的看法有了很大改变。但美国当时的MBA课程，虽然试图综合企业管理的所有层面，但是有一个很大的缺陷在于课程之间没有建立逻辑关系，而且对中国企业，对中国企业的经营环境等都不太了解，所以完全照搬西方的那一套是不可行的，也是搬不过来的。比方说会计学是西方创立的，还有一些基本理论，比如说迈克尔·波特的竞争五力模型，这些都必须放在中国的环境来看。放在中国环境下看中国的企业，是非常必要的，而且现在有很多中国的管理思想，特别在组织管理上已经超越了西方，到了一个更高的境界。⊖

———————

⊖ 苏勇.改变世界：中国杰出企业家管理思想精粹.六[M].北京：企业管理出版社，2021.

习近平总书记指出："我们的哲学社会科学有没有中国特色，归根到底要看有没有主体性、原创性。跟在别人后面亦步亦趋，不仅难以形成中国特色哲学社会科学，而且解决不了我国的实际问题。"⊖这一重要论述，为我们如何在管理思想和管理模式上很好地做到中西兼容，在学习基础上再创新指明了方向。多年来，在中国管理学的发展中，始终存在着一种文化困境，即如何解决欧美原创的管理学理论和中国管理实践对接的问题。当今世界，只有欧美的管理学才算得上本土管理学，也可以称之为内生性管理学，而非西方国家照搬欧美管理学，其实质是一种外衍性管理学，而非源于本国文化和社会的本土管理学。虽然我们并不排斥西方外来的管理学，但是无论就其话语体系还是应用效果来看，这种外衍性管理学所提供的理论知识和工具框架，都和中国社会、文化、历史、生活、人的心理状况以及最重要的企业管理实践有所脱节，以至于不少企业管理者在将西方管理理论套用到中国企业管理实践后，感觉脱离实际，远远收不到管理实效。

在中国当前的经济发展与转型中，各类组织管理中出现了许多新现象和新问题，这些问题光靠西方管理理论与方法是无法解决的。中国社会科学要建立自己的特色，要解决中国社会发展中的现实问题，就必须在借鉴西方先进管理理论的同时，立足于广袤的中国大地，立足于从博大精深的中国文化中提炼出自己的管理理论，贡献中国管理智慧，构建中国特色管理理论和管理模式。

5.3　古今相通

在一个经济结构健全的现代社会中，企业是主要的经济创造主体，为社会创造了巨大的物质财富。企业的领头人——企业家，则是社会宝贵且稀缺的资源，中国社会尤其如此。作为社会中的优秀群体，企业家具有创

⊖　出自 2016 年 5 月 17 日习近平总书记在哲学社会科学工作座谈会上的讲话。

新特质、资源整合能力和顽强拼搏精神，他们能够敏锐地感知社会、地区的发展趋势和消费者不断变化的需求，引导企业为社会大众提供优质产品和服务。世界各国市场经济发展的实践充分证明，在任何一个社会，企业家在经济发展中的作用不可或缺，更不可替代。

在企业家自身成长和带领企业发展的过程中，无论他们是否意识到，他们的经营理念、日常行为都受到文化传统的影响。

通常，我们不容易分清传统文化与文化传统的区别，有时常常把二者混为一谈，但二者有实质区别。传统文化表现更具显性，主要表现在器物层面，更容易一般性地被人们所广泛感知，例如中国的语言、文字、服饰、饮食等。而文化传统则更为深层次，表现更为隐性，它表现为一种价值观、理念、意识，其影响更为根深蒂固，根植于人们头脑之中，随时随地都影响人们的行为方式。几千年来中国特定的社会存在，逐渐凝聚成一种相对稳定的思维方式和行为方式，形成了中国特有的文化传统。这种深层次的文化传统，其影响更为深远，作用也更为巨大。

对于文化传统与传统文化的关系，可以用一个模型来表示。文化传统是根深蒂固的，是文化一以贯之的核心轴，而传统文化是围绕这个轴表现出来的各种各样的现象。文化传统与传统文化是一种"道"与"器"的关系。

中国宋代诗人苏东坡有诗云："横看成岭侧成峰，远近高低各不同。不识庐山真面目，只缘身在此山中。"因此，身为中国人，要概括出中国文化特点并不是一件容易的事，因为我们很难跳出自身思维模式的局限，难以看清庐山真面目。

管理学大师彼得·德鲁克对于管理问题曾经有过一段精辟论述："管理是关于人类的管理，其任务就是使人与人之间能够协调配合，扬长避短，发挥最大的集体效益……因为管理涉及人们在共同事业中的整合问题，所以它是被深深地植根于文化之中。管理者所做的工作内容在联邦德国、英国、美国、日本或巴西都是完全一样的，但是他们的工作方式却千差万别。因此，发展中国家的管理者所面临的一个基本挑战就是，如何发现和确定本国的传统、历史与文化中哪些内容可以用来构建管理，确定管理方式。"⊖

中国社会历史悠久，长期以来，在中国社会发展中，管理思想的光芒一直在闪烁。无论国家的宏观管理还是区域、组织的微观管理，具有东方色彩的中国管理思想始终在发挥其特有的作用。虽然在漫漫历史长河中，中国管理思想还未形成规范系统的理论体系，但其中的价值经过千百年的文化洗礼，依然闪耀着熠熠光芒。要真正进行中国管理学研究，基本前提就是要对中国文化有充分的认识，包括对中华文化以及当代文化的认识。没有对中国文化的基本认识，就谈不上研究中国管理学，因为本土化并非生硬地将西方的东西借过来或搬过来，而是要对中国文化的价值在管理领域有基本的内化。

在中国浩瀚的历史长河中，儒家、墨家、兵家、法家、道家可谓是中国文化的主干，这些学术流派中的管理理念和方法影响着数千年中国社会的各个方面，对中国社会发展起到了极为重要的作用。儒家提出"修己安人"的领导方式。孔子提出，"修己以敬""修己以安人""修己以安百姓"。从管理学角度而言，这就是对管理者自身、对主要骨干以及对全体员工的有效管理。王阳明提出"知行合一""事上练"，强调理论和实践的结合。墨家主张"兼爱尚贤"，这和现代管理中日益成为主流的人本管理不谋而合。兵家更是和管理学有着极深的渊源，现代管理学中的很多术语例如"战略""参谋"等本就来自军事学，《孙子兵法》中"守正出奇"等卓越的战略思想，更是直接被现代企业管理者加以运用，成为企业竞争战略中的重要指导思想。法家"令行禁止"的管理思想，用现代管理术语来说就

⊖　德鲁克.德鲁克管理思想精要 [M].李维安，王世权，刘金岩，译.北京：机械工业出版社，2019.

是制度管理，无规矩不成方圆，组织只有严格制度管理，才能让所有成员行动一致，组织才有竞争力。道家"无为而治"的管理智慧，更是出神入化，可以理解为充分信任，大胆授权，以无为致有为。

作为亚文化的企业文化，都会受到所在国家、民族的文化传统影响。同时因为管理主要是对人的管理，而且所有的管理活动都要靠人去执行，管理者与被管理者的思想和行为都必定受到他们自身所处文化的影响，对于中国企业文化而言，其中最主要的就是几千年积淀而成的中华文化的影响，这种影响表现出两面性。

中华文化对企业文化的正面影响主要表现在：

1）中华文化中重视人的作用和人际关系思想，有助于中国企业文化"以人为中心"管理特色的形成。在当今知识经济时代，人力资本作用日益凸显，企业只有具备高素质的人才，才能在激烈的竞争中获胜。在中国几千年的文化传统中，高度重视人的作用，有很多对人的重要性的表述，例如，《尚书》中就有"民惟邦本，本固邦宁"的论述。《孟子》也告诉我们"天时不如地利，地利不如人和"。

2）中华文化中重视道德教化，有助于确立优秀的价值观念来引导职工行为。西方管理思想强调制度管理，而中华文化在强调制度管理的同时，更注重道德教化的作用。从孔子开始，中华文化一贯强调道德教化的作用，认为人皆有羞耻之心，关键在于要用高尚的道德去教育、感化人，使人们明白何谓高尚、何谓卑鄙，区分道德和不道德行为。孔子说过："道之以政，齐之以刑，民免而无耻。道之以德，齐之以礼，有耻且格。"这就是说，用政治和法律来引导人们，用刑罚来整顿人们，人们只是暂时免于罪过，却没有羞耻之心。如果用道德来引导人们，使用礼教来整顿人们，人们便不但具有羞耻之心，而且也乐于服从。这种重视道德感化的思想，有利于在企业中确立一种优秀价值观，然后用这种优秀价值观念来引导和制约员工的行为，确立良好的企业文化氛围。同样，《孟子》还告诉

我们："得道者多助，失道者寡助。"正因为如此，中国众多企业家都具有
这样的共识，先做人，后做事。因为"有德不可敌"。

3）"以义致利"思想有助于形成正确的义利观。对于企业而言，一个
重要的文化伦理标准就是如何处理"义"和"利"之间的关系。近年来，
一些中国企业在食品安全以及财务等方面屡屡发生问题，就是因为没有把
握正确的义利观。然而，中国古代先贤在这方面早就有明确论述，孔子同
样早就告诉我们："不义而富且贵，于我如浮云"，教育人们要"见利思
义"，应该做到"义利兼顾"，不能够"见利忘义"。这种"以义致利"的
思想，有助于企业家更好地形成正确的义利观，不仅为社会创造良好的经
济价值，而且也充分履行自己的社会责任。

4）重视"和"的思想有助于企业和谐氛围塑造。"和"的思想，可谓
是中华文化的核心思想之一。和谐氛围的塑造，历来被中国的管理者所重
视。"礼之用，和为贵"。中国几乎所有企业的企业文化都倡导企业全体
员工"心往一处想，劲儿往一处使"，这就需要管理者在企业中营造和谐
氛围，让员工从理念、制度、行为等各个层面达成共识，这样才能形成合
力。值得重视的是，中华文化并不提倡无原则的和谐，不提倡一团和气，
"君子和而不同，小人同而不和"。因此，中国著名企业三一集团就提倡
"事前拼命吵，事后拼命做"的企业文化，在事前大家充分发表意见，甚
至激烈争论，一旦达成共识，就须同心合力去执行。这种"和而不同"、
注重执行力的企业文化成为三一集团高速发展的重要因素。

任何事物都要一分为二，中华文化对于企业文化也存在负面影响：

1）强调大一统的观念，不利于作为经济主体的企业大胆创新。中国
古代社会组织的特色，与宗法制紧密相连，形成家、族、国的宗法秩序，
正所谓"家国同构"。诚如梁启超《新大陆游记》言："吾中国社会之组
织，以家族为单位，不以个人为单位，所谓家齐而后国治是也。周代宗法
之制，在今日其形式虽废，其精神犹存也。"这种宗法观念的遗存，容易

产生负面影响的是重视血缘，讲关系，认"亲亲"，轻"贤贤"，限制人的视野，往往偏重社会组织之间的共性而忽视其个性，并在各类组织内容易形成"家长作风"，不利于企业强调自主创新，开展有特色的经营，也不利于当今互联网经济时代下的创新。企业的最好状态就是成为一个个有强大活力的鲜活主体，在政府创造的公开、公平的竞争环境下独立自主地开展经营活动。

2）平均思想制约人的进取精神。在中国社会确实遗存着平均思想，所谓"人怕出名猪怕壮""枪打出头鸟""木秀于林，风必摧之"便是写照。这不利于社会竞争中的强者，不利于私有财产的有效保护，削弱了社会发展的风险创新意识。这也会给奋力进取的企业家带来较大的心理障碍，同时也会造成社会人群中的思维定式，压抑人们的进取精神。

在当代中国，不少企业家在企业的日常经营中，高度重视从中国优秀的文化传统中吸收智慧，用优秀的文化思想来陶冶员工情操，养成员工行为。例如方太，长期以来就高度重视中华文化，不仅全体员工每天都要学习儒家经典，而且茅忠群等企业管理者一直都在思考如何将优秀的传统文化和现代企业经营很好地结合，不断提升企业实力，为消费者提供更好的产品和服务。

因此，中国管理模式应以"中西兼容，古今相通"为基本原则，兼容中西管理思想精华，贯通中国古今管理智慧，博采众长，兼收并蓄，提炼出真正符合当今企业发展需要的中国管理模式。"各美其美，美人之美，美美与共，天下大同。"

5.4 典型案例——方太的"中西汇通"之道

提起方太，或许人们并不陌生。方太留给人们的印象不仅只有高端厨电，还有其掌门人茅忠群的"儒学商道"的管理思想。

茅忠群是方太的"创二代"，他对方太的事业是从继承跃迁为"创承"。他并没有简单继承父亲的"旧事业"，而是放弃了父亲茅理翔曾经做到全世界第一的产品点火枪，自己开创了方太高端厨房电器的"新事业"。

在方太创业的前十年，学的是西方管理，邀请外国老师来做培训，也聘请了世界 500 强企业高管加入方太管理层。茅忠群渴望方太像世界 500强企业那样建立起一套规范的企业管理制度。而在读完 EMBA 之后，茅忠群看到日本将西方管理与本土文化结合后创造了别具一格的日本式管理，并且造就了日本经济的腾飞，韩国、德国也各有自己独特的企业管理方法，这些国家在经济发展上的成功都证明了一点——不是只有美国式管理是最好的。按此逻辑，茅忠群联想到，如果将中国文化与西方管理相结合，是不是也可以自成一套体系？

茅忠群真正开始在企业推行国学是在 2008 年，那时方太搬进了新的办公楼，在主楼一楼进门左侧设立了一个孔子堂，竖立起了孔子像，并请来国学老师讲课。每天早晨 8：15 ～ 8：30，公司上到管理层下到车间的每一名员工先从诵读国学经典开始。这是公司的上班时间，不能占用员工的业余时间来学习，但是具体学什么、怎么学，每个部门可以自己掌握。这就是教育和培训的不同。教育的作用是润物细无声，让员工的行为在不知不觉中发生改变，让儒家思想在潜移默化中打动人心。

茅忠群在方太推行企业文化时依靠"两条腿"走路：一是核心价值观，儒家思想已经纳入方太的核心价值观中；二是企业制度，因为文化要靠制度落地。茅忠群说："光有高挂在墙上的核心价值观是不够的，员工不会信任老板。"因此，在做各种制度建设时，茅忠群会把价值观渗透落实到各种制度中，首先要求自己做到，上行下效，这样员工才会相信。

在普及儒家思想之前，方太遵循西方的管理方式，重视以严格的制度来抓管理，但是在吸收儒家思想之后，茅忠群对制度进行了修订，力求体现儒家思想的要义。"我们走的是中西合璧道路，以中华文化为根基来和

西方现代管理进行中西汇通，这条路应该是一个正确的方向。"⊖

　　根据儒家思想，教育最重要，人有羞耻感和敬畏感后就不会再犯错误。方太曾经把员工犯错误的严重程度分为 A、B、C 三类。A 类最为严重，马上开除；B 类是中等错误，处罚稍轻；C 类是诸如上班迟到早退之类的错误。在过去犯 C 类错误要罚款，但在普及儒家思想之后，方太对 C 类错误的罚款一律取消，通过主管谈话的方式要求改正。这是理解了儒家的"仁义"原则之后在制度上做的改进，因为上班迟到不见得是员工的主观故意，反而是罚款之后员工在心理上认为已经为错误买单了，就不会再产生羞耻感。

　　在公司倡导儒学之后，茅忠群看到了明显的变化：一是员工的自律性提高了，错误的发生率每年下降 50%，员工互助的事情多了，拾金不昧的事情也多了，年轻员工也更多关心父母了。二是销售人员拿回扣捞好处的腐败行为少了。几年下来，总部派去分公司做审计的审计师调侃说自己快失业了。

　　"公司创新能力的建设还要从企业文化或是企业的使命开始。"茅忠群办企业的目的绝不是赚多少利润，他更希望达成"让家的感觉更好"这样的一个愿景。

　　方太大家庭的表现便是茅忠群在方太推行的"全员身股制"。"身股"的概念取自晋商，即人在公司时有分红权，可以按照公司每年的盈利情况享有分红收益，但没有投票权，人走了身股也就没了。从儒家"仁义"的思想入手，茅忠群认为企业收益不应只是小部分骨干成员才能享受的，基层员工与高层员工都是对企业有贡献的人，贡献会有大小，但是不能有人有，有人没有。在方太，员工只要入职满两年，都能按职位及贡献大小获得一定的分红股权。

　　在茅忠群看来，任何事情从价值观角度来看都很简单，但是从利益角度来看都很艰难，这时你会发现，凡事从利益出发总会发现决策中有这个

⊖　苏勇 . 改变世界：中国杰出企业家管理思想精粹 [M]. 北京：企业管理出版社，2016.

不对那个不好的。而从根本性的价值观来考虑，不少问题就能迎刃而解。

茅忠群更多关注消费者感受，他认为，消费者关注的是产品品质和感受，按此道理，为什么企业不把消费者的需求放在第一？这就是企业在竞争中容易出现的问题，当把打败竞争对手置于企业首要目标时，企业就会失去方向。企业用力的方向不同，结果自然不同。如果你全力以赴地关注消费者的需求，会有人追得上你吗？

据方太员工说，茅忠群从来没有在公司发过脾气。"当员工习惯老板发脾气，某天不发脾气员工反倒会好奇。"当茅忠群有想法时，他不会靠老板的权威强迫员工接受，而是通过讨论的方式让自己的想法成为员工认同的目标，但是一些关于价值观和战略的方向性和原则性的东西是绝没有妥协余地的。

方太儒道的管理模式也面临一些挑战或者说提升空间。在茅忠群看来，这些挑战主要体现在两个方面：一是作为一种管理思想或者管理模式，系统性还不够强，尤其在"术"的方面，现在还是一些拿来主义，需要找到合适的方法真正把整个构架的系统性建立起来。二是以儒家文化为基础的这样一个管理系统，其竞争力仍然是未知数。因为企业就处在这样一个充满恶性竞争、激烈竞争的环境里面，如果大家都很优雅，都是君子，那没问题，但是如果没有竞争力，被人家超越了、打败了，可能这种模式也就没有生命力。[一]

方太是一家以使命、愿景、价值观驱动的独特企业——为了亿万家庭的幸福，坚持人品、企品、产品三品合一，向着伟大企业的愿景稳步迈进。茅忠群目前正在向四个典范努力，即"优秀雇主的典范、高端品牌的典范、卓越管理的典范、受人尊敬的典范"，最后的愿景是成为受人尊敬的世界一流企业。"我选择了一条最难的道路，我们有勇气坚持下来本身就是一种激情！"

[一]　苏勇. 改变世界：中国杰出企业家管理思想精粹 [M]. 北京：企业管理出版社，2016.

第6章

经营协同，价值共生[⊖]

　　经营协同与价值共生结合形成"协同共生"管理思想是中西智慧融合的新发展。"协同共生"管理思想不仅汇集了当代西方思想和认知——系统科学中的整体论和协同论、生物学中的共生理论以及管理学中的协同效应，而且在中华文化和思想模式中寻找到诸多源头——"和合"思想、共赢思想以及中国人的思维习惯。《周易》言："乾道变化，各正性命，保合大和，乃利贞。"中西智慧融合形成的"协同共生"管理思想，促成在组织外部联合一切可以联合的力量实现稳定、持续发展；在组织内部则调动各方面的积极因素和实现真正的人本管理，从而实现企业效率提升，同时围绕顾客价值创造价值网络。

　　　⊖　本章逻辑与内容主要参考了陈春花相关著作，包括：
　　　　陈春花，朱丽.协同：数字化时代组织效率的本质 [M].北京：机械工业出版社，2019.
　　　　陈春花，赵海然.共生：未来企业组织进化路径 [M].北京：中信出版社，2018.
　　　　陈春花，朱丽，刘超，等.协同共生论：组织进化与实践创新 [M].北京：机械工业出版社，2021.
　　　　陈春花.价值共生：数字化时代的组织管理 [M].北京：人民邮电出版社，2021.

6.1　经营协同：企业效率的新来源

如何提升组织效率是管理者需解决的核心问题。管理主要的目的之一就是解决效率问题，但不同时代的效率问题，其解决方案并不相同。基于对企业经营百年发展历史的观察和思考，以往企业效率的来源依次是分工、分权和分利这三个阶段。但是，互联网与数字化新时代组织效率的获取方式受到三方面因素影响：一是个体开始变强，强个体的出现使得个体与组织之间的关系发生了改变；二是影响组织绩效的因素由内部因素转向外部因素，因此出现了各种内外强连接关系；三是技术创新及其普及速度加快，不确定性成为常态，因此组织也不再具有稳定状态的结构。这些变化使得企业在新时代需要重新思考组织效率的新来源。当今数字化时代的组织获得系统整体效率的关键在于经营的协同管理，经营协同使得企业效率进入新阶段。

分工是企业效率来源的第一阶段。泰勒在 1911 年出版的《科学管理原理》一书中首次将管理由经验上升到科学——围绕如何在有限时间内让产出最大化，也就是如何使生产率最大化。泰勒认为最有效率的方式是要解决分工问题——分工就是让不同的劳动力从事自己擅长的部分，通过劳动力的划分与独立性来提高效率，例如生产流水线的运营模式就体现了分工产生效率。分工思想导致了福特汽车生产流水线的出现，从而使得工业化过程中实现以机器取代人力。由于泰勒倡导的科学管理一贯以标准化、科学化手段加以管理，从而把人作为"经济人"，忽略了人的动机多样性和人的社会性，导致把员工视为活的机器。在这种情况下，效率的进一步提升往往会出现新的问题。

分权是企业效率来源的第二阶段。马克斯·韦伯和亨利·法约尔都意识到通过过度强调分工来提高劳动效率往往会忽略对人的尊重这一问题。为此，韦伯提出官僚组织结构理论，认为合法权利是决定组织管理的核心，强调组织体系中法律界定的权利划分，通过权利的分配带来效率的释放，这为社会发展提供了一种高效率、合乎理性的管理体制。法约尔则在其《工业管理与一般管理》一书中提到了组织效率最大化的手段是专业化水平与等级制度（分权制度）的结合。其中专业化能力和等级制度是影响组织效率的两个关键要素，组织要想获得高效率，首先需要具备很强的专业能力，之后依据责任把权利分配下去，只有两者相结合，组织效率才能达到最高。知名本土家电企业——美的就是通过组织效率的改进增强了自身竞争力。美的事业部制改革促进了人才发展平台和运营效率平台的提升，使得企业业绩发展突飞猛进。美的创始人何享健对此评论："集权有道，分权有序，授权有章，用权有度。"正是这一制度建设使得美的快速成为全球白色家电领域的领先者。

分利是企业效率来源的第三个阶段。20世纪20年代开始，随着工人觉醒、工会力量增强，经济发展与周期性经济危机以及科学技术的应用，之前单纯利用分工和分权来提升效率出现了问题。以梅奥的"霍桑试验"为代表，出现了通过生理学、心理学等角度进行提高生产力的研究。梅奥在其《工业文明的人类问题》一书中正式提出了人际关系学说，关注影响员工生产积极性的社会与心理方面因素，探讨了人际关系因素在生产与管理中的作用。梅奥进而认识到人与组织的密切关系，强调人存在于组织环境中而不是社会中。因此要让个人发挥效率，组织需要为组织成员创造机会，建立良好的组织环境，满足人的需求以及挖掘人的潜能。在整个管理过程中，人是最积极、最活跃、最能创造价值的资源，只有将人的效率发挥出来，管理的效率才能得到实现。华为在人的效率方面的所作所为值得借鉴——华为提倡人均高收入，以此得到高产出。任正非指出，"机会牵引人才，人才牵引技术，技术牵引产品，产品牵引更多更大的机会"。

协同是数字化时代企业效率来源的最新阶段。通过分工、分权、分利带来的效率，都是在企业内部解决问题从而获得自身效率。但新时代使得企业对于开放边界、共同成长有了新的需求，尤其是 2012 年开始的互联网技术成为企业发展的基本推动力。如果企业想进一步提升效率，就必须从外部获得效率，企业需要通过协同来达到系统效率最大化。近年来组织间的发展模式也由单向僵化的供应链管理，向灵活动态的价值网络协同模式转变，为此企业需要构建柔性价值网。这些做法就是基于协同。当今优秀企业无一例外都能很好地整合内外部资源，直接面向顾客以创造更好的体验，甚至与顾客协同创造价值。例如小米请消费者参与构建顾客社区，沿着他们的数字生活方式进行产品和服务的延伸，提出了各种终端设备和解决方案，进而突破了原有的手机产品局限，实现了跨界协同、围绕顾客生活的全面布局。

时代的变迁使得企业效率的来源产生了变化。企业通过协同整合各种资源，但企业内外部各组成部分有效进行协作和同步的基础在哪里？这个基础就是"价值共生"。

6.2　价值共生：经营协同的新基础

传统经营观点认为创造价值的主体是企业，企业可以自主决定自己所提供的产品或服务的市场价格，企业和顾客关系的桥梁是销售，通过销售过程顾客获得企业所提供的产品或服务。在此观念下，顾客和企业是被分开的，企业的价值创造是在封闭的体系中完成的，因此企业价值创造的过程是和市场相互隔离的。

然而数字化时代经营假设发生了根本变化——价值再也不是由企业单独创造，而是由顾客和企业共同参与创造，顾客更加关注自身体验。而顾客体验容易发生变化，顾客体验也不再被企业所定义。因此，企业为了更好地创造顾客价值，必须协同各种外部资源，让顾客产生更好的体验。围绕顾客的价值创造过程，企业的内部和外部各个环节和各个模块都需要加以共生，形成围绕顾客价值的共生就是"价值共生"，成为经营协同的新基础。

"价值共生"与之前封闭的、割裂的企业价值创造完全不一样。企业的内部及外部各个相关因素之间产生了复杂的连接效应，围绕价值而形成真正的协同。顾客和企业联系在一起，整个价值链都是一个强连接的关系，全过程价值创造决定了价值链成员必须是共生关系。数字化时代无限连接使得今天的企业无法独立创造价值，而需要与更多组织、更多系统以及更广泛的外部环境构建共生、创造价值，从而在其中找到自己新的成长空间，获得新的发展可能性。新成长空间和新发展的可能性需要组织有能力与其他组织成员合作协同，而不是竞争对立。

在数字化生存背景下，协同已成为组织效率的新来源。组织无法独立面对动态环境所带来的复杂性、多变性以及不可预测性，因此需要基于"价值共生"来协同更多的内外部成员才能找到解决方案，"价值共生"改变了商业生态。当今时代很多行业领先企业之所以能迅速发展，关键就是构建了价值共生网络——与价值伙伴成员共生共创、共享价值。2017年，腾讯致信全球合作伙伴，呼吁从"窄平台"向"宽平台"转变，也就是从零和博弈转向共赢共生，形成一个数字生态共同体。

企业需要通过协同来获得效率，而协同的基础必须是围绕价值创造的核心，与价值网络中的内外部成员形成共生关系。"经营协同"与"价值共生"所合成的"协同共生"理念，将有助形成企业未来发展的经营管理新模式。

6.3　协同共生：中西智慧融合的新发展

经营协同与价值共生结合形成"协同共生"管理思想——在组织外部联合一切可以联合的力量实现稳定、持续发展，在组织内部则调动各方面的积极因素和实现真正的人本管理，从而实现企业效率提升，同时围绕顾客价值创造建设价值网络。

协同共生理念不仅汇集了当代西方思想和认知——系统科学中的整体论和协同论、生物学中的共生理论以及管理学中的协同效应，而且在中华文化和思维模式中寻找到诸多源头——和合思想、共赢思想以及中国人的思维习惯。

协同共生理念在西方哲学、物理科学和生命科学领域引起了关注。康德《纯粹理性批判》一书在关系范畴中提出了存在于交互作用中的协同性原理——万事万物只有在协同性中才能存在，凡是需要认识的都要和其他事物发生作用。1945 年，贝塔朗菲所创建的一般系统论则提出了与笛卡尔"还原论"不同的系统哲学——需要用整体的、系统的视角重新审视研究对象，为此主张人们在认识事物时需要从全局出发。1969 年，哈肯第一次提出协同学（协同论），认为系统的各部分之间相互协作，使整个系统形成微观个体层次所不存在的新的结构和特征。协同学创立之初用于解释物理学的激光生成原理，但该理论对认识自然界和社会同样富有启发。与协同学理论同期，生物学家马古利斯提出了与达尔文进化论不同的观点，认为达尔文基于"竞争驱动"的进化思想并不完善，在漫长的进化过程中"共生"是一种普遍的生物界现象。

西方管理学界也开始重视协同思想。安索夫于 1965 年首先提出协同概念并利用投资收益率（ROI）确定了协同的经济学内涵，指出各业务单位间的有机协作能使企业整体价值大于各部分价值的简单加总。由于对管理人之间协同的担心，安索夫等学者还是对于协同效应持谨慎态度。卡普兰和诺顿的平衡计分卡管理工具同样基于组织协同的理念和运作，认为组织协同是一项关键管理流程。德鲁克提出管理者的首要任务就是创造出一个真正的整体，一个大于各个组织部分总和的整体，一个富有效率的整体。但囿于当时社会技术发展阶段，这些西方管理思想比较注重于企业内部的协同，而非组织内外部的协同。

与以上西方思想和认知异曲同工，中华文化和思维模式也存在不少协同共生的理念。

黄如金提出，中国传统管理的核心与真谛在于"和合"。"和"与"合"的哲学思维和理念，有利于处理人们相互之间的利益冲突和矛盾。"和"即和谐、和睦、和平、谐和、中和；"合"即合作、联合、结合、融合、组合。"和""合"联系在一起组成了一个充满哲理性的概念，表示了和睦共处、和气生财、合作聚力、协作制胜的管理理念和管理方法之要义。⊖

在中国传统文献中，存在诸多基于和合思想的协同共生理念。《周易》认为世界万事万物的生成、生长，社会道德的完美构成，社会的发展繁荣，人们的安居乐业、健康长寿等，都产生于阴阳和合，即相互矛盾的事物在矛盾调和时的中间状态。在《周易》基础上发展起来的阴阳五行、天人合一思想，把和合观点以及与人为善、坚守德善之道发挥到了极致。《吕氏春秋》也将和合概念用于研究自然界和人类的起源与构成，认为天地阴阳之和合，是万物生成、生长的根本原因。孟子认为"天时不如地利，地利不如人和"。墨子、荀子皆认为和合是处理人与社会关系的根本原则。《管子》中将和合并举，认为"和合故能谐"，意思是只有和合才能达成和谐关系。墨子认为天下不安定的原因是"内之父子兄弟作怨仇，皆有离散之心，不能相和合"。荀子也使用了同样的概念，认为："故人之欢欣和合之时，则夫忠臣孝子亦惋诡而有所至矣。"儒家是和合思想的集大成者，主张和睦相处与合作，并在其大力提倡的"仁政"中有充分的表现。孔子说为政之要在于"近者说，远者来"，即认为管理的核心是对内部人的凝聚力和对外部人的吸引力。

协同共生理念一定程度上也反映了中华文化"共赢"的思想。《礼记·中庸》提到："万物并育而不相害，道并行而不相悖。"道家则讲求"虚

⊖ 黄如金.和合管理：创新中国管理科学的探索 [EB/OL].（2006-05-29）[2023-08-08].
https://www.gmw.cn/01gmrb/2006-05/29/content_424191.htm.

其心，实其腹"，即唯有时刻保持虚心的状态才能去除成见，不断进步。在中华文化看来，生命实践从来不是独自的意识活动，而是相互砥砺、相互成全的伦理实践。[○]

协同共生理念还反映了中国人的传统思维模式。热衷于运用中华文化进行企业管理的方太董事长茅忠群曾与 2007 年诺贝尔和平奖获得者——莫汉·穆纳辛格教授对话时提到，西方文化更偏向于非白即黑，二元对立，而中国文化追求和谐统一，和而不同。[○]彭凯平在对中国人与西方人的思维特性的比较研究时发现，中国人更容易看到整体，看到全局，看到所有的关联性和变化性。[○]楼宇烈基于中国传统哲学思想提出，中国人的思维方式非常注重整体关联。任何事物都不是孤立的，而是关联在一起的。事物的任何一个部分，都不能孤立到整体之外去，更不能用它来说明整体的问题。只有把部分放到整体中去，才能正确认识它。部分在整体里的任何变化，都会直接影响到整体，整体的变化也同样会影响到各部分。这就像太极图一样的阴阳观。中国的思维方式不是简单的非此即彼，而是强调此离不开彼、彼离不开此，此中有彼、彼中有此，此会转变为彼、彼会转变为此。总之，彼此是一个整体。[○]

中西两大思想和认知的源头加以融合，可以对协同共生理念产生更加全面、更加深入的认识。基于协同共生理念的管理模式，需要批判继承中华文化和思维模式，结合今天中国管理发展的实践，同时吸收全球范围的思想、理论和实践中有用的内容，兼收并蓄，从而创新发展出具有中国特色的管理思想和实践。

○ 李重，林中伟.中华优秀传统文化蕴含的治国理政智慧 [N].光明日报，2019-10-25（11）.

○ 凤凰网商业.茅忠群对话莫汉教授：中国文化追求阴阳平衡与和谐统一 [EB/OL].（2019-01-04）[2023-08-08].http://biz.ifeng.com/c/7jBwXq69Nkn.

○ 彭凯平.中国人与西方人的思维有什么不同 [N/OL].（2022-03-02）[2023-08-08].https://epaper.gmw.cn/wzb/html/2022/03/02/nw.D110000wzb_20220302_5-07.htm.

○ 楼宇烈.整体关联、动态平衡、自然合理——中国传统哲学的思维底蕴 [N/OL].（2020-10-12）[2023-08-08].https://news.bjd.com.cn/theory/2020/10/12/9210t118.html.

6.4 四大原则：协同共生管理新模式

数字化时代的企业需要面对高度不确定性环境。企业只有拥有应对动态变化的能力，才能持续经营和发展。如果企业的流程角色被固化，功能被分割和固定，那么管理者就会发现自己无法动态组合组织的管理要素以应对外部变化。数字化时代也促成了强个体的出现。组织需要赋能个体，而不仅仅是对其管控，否则强个体或优秀个体就会流失。因此价值共生的组织需要考虑由管控转向赋能。企业需要全新的文化，强调互为主体、共创共生，这背后的逻辑就是协同共生——既要求企业内部打破"部门墙"，又要求企业外部打开边界与更多成员合作。

基于"价值共生"的"经营协同"为了让企业实现整体效率最大化，需要实践协同共生管理新模式。这就是，企业需要重构企业边界，建立基于契约的信任，构建组织内外的协同模式，打造协同价值体系并形成有效的个人协同管理行为。协同共生管理新模式需要形成四大原则——管理企业边界、建立契约信任、协同组织内部、协同组织外部。通过这四个领域推进，才能够落实组织管理的协同共生。

原则一：管理企业边界

企业边界问题之前可以通过科斯的交易成本视角进行解释。企业的存在其实是一种内外成本的比较。当企业内部成本高于市场交易成本时，企业边界或者规模就会缩小或消失，也就是市场替代企业；反之，当企业内部成本低于市场交易成本的时候，企业得以存在或扩大，也就是企业替代市场。而美国经济学家契斯则认为应该从整体的角度看企业边界问题，企业边界在于能力的适用边界。但在数字化互联网时代，情况发生了重大变化。企业边界所界定的内部成本效率和能力以及与企业外部的效率和能力比较都需要采用新的视角加以整合。陈春花认为互联网时代的企业边界因顾客而存在，所以顾客在哪里，企业的边界就在哪里。服务顾客永远是企业的"第一性原理"，而企业的成长性取决于顾客的成长性。当今时代技术进步导致生产者和顾客的边界被打破，行业边界变模糊，传统行业被颠覆，组织管理模式也随之改变。企业围绕顾客需求建立的一套体系就是用于灵活应对变化的外部环境。海尔集团的"小微模式"、华为的"铁三角模式"，都通过划小单元进行企业内部边界重构，消除了企业的低效率，并有能力快速响应顾客需求。

随着移动互联网的出现，组织和顾客的沟通平台也发生了翻天覆地的变化，行业之间的边界越来越模糊，组织之间的竞争变为无边界竞争。企业的价值创造和获取方式也从边界约束向跨界协同转变，因为顾客可能会有新的需求，而满足顾客需求的或许不再是企业自己，也可能是价值链上或者价值链以外的合作者。企业边界打开，进而通过合作，拥有了满足各类顾客需求的新能力。

协同共生企业走向无边界。在无边界的组织管理中，生产边界与组织边界发生延展，顾客不再是产品的被动接受者。企业竞争力来源也发生了转变，管理者对顾客和市场的认知，从内部视角转向外部视角，企业的组织边界和生产边界得以延伸。为此，协同共生的组织管理需要将顾客融入企业价值创造的各个环节，从创意产生、产品设计、产品制造、渠道选择、产品交付到服务实现，都要和顾客紧密联系在一起。许多领先的企业实现了企业和顾客的无边界融合，企业也能在此过程中充分接触和理解顾客对产品认知、产品需求以及趋势理解的变化。

企业开始走向边界融合和边界模糊，企业也需要具有一定弹性并不断调整自己，不断寻找与变化共舞的机会，甚至需要具备超越变化的能力。在这种趋势下，通过建立各种组织壁垒的方式很难再获得成功。组织需要形成开放与合作的结构，令外界更容易被纳入。开放的企业更容易改变原有的做法，边界的融合也给企业带来了协同效应，因为各种融合打破了各种壁垒,组合了各种能力,从而产生更多的变化。现代企业需要拥有连接上下游合作伙伴,连接相关产业合作伙伴与顾客,把大家聚集在一个共同生长的网络中的能力。腾讯就提供了这样一个案例。腾讯从 QQ 到微信取代了传统电信运营商,成为中国人互动的主要载体。与此同时,腾讯在移动支付、线上娱乐、生活方式、在线旅游、交通出行等领域也不断打破边界进行融合,将自己的竞争力持续扩展到彼此之间相互连接的不同领域,因此现在已经无法界定腾讯到底属于哪一个行业,也很难知道腾讯的对手是谁。对于突破边界的企业,往往可以获得强劲的增长。

企业做好了边界管理往往可以产生跨界重构的可能性。如果顾客的需求提升,甚至需要创造新的顾客需求,加上技术的复杂程度也在持续变化,企业仅仅提供产品已无法满足市场的变化要求,此时的企业需要延展到价值链或者价值网中,也就是需要展开跨界融合发展的模式。腾讯、阿里巴巴和小米都是通过技术创新驱动与顾客价值创造融合,从而进入了不同领域的市场,它们不断把跨界融合、连接共生、技术创新与顾客价值创造有效结合在一起,从而获得了强劲增长。

平台模式也使得企业边界不再束缚于自身的资源约束。平台的本质是网状价值链,而不是我们传统模式所讲的线性价值链。平台和互联网技术加以融合,使得价值创造的方式发生了变化。在互联网与数字化时代,企业战略已经从拥有资源向调动外部资源转变,平台也使得组织跨越边界的创新模式得以涌现。平台不断拓宽,边界融合更广泛的合作者,可以帮助企业更加精准地对接顾客需求,从而使企业高效价值创造。海尔集团在企业内部创造了一个全新的创业生态系统——每一个员工就好像一棵树,组成森林,达到生生不息的目的。"人单合一"模式的管理创新实现了跨界融合和互联网转型。2013 ~ 2014 年海尔集团两年裁员 2.6 万人,其中大多数为中层管理人员。销售体系全盘改为独立自然人的小微公司,组织结构更加扁平。减掉不拥抱互联网的中层,让组织具有面向互联网的结构属

性。海尔集团研发的大规模定制化工业互联网平台（COSMOPlat）到 2018
年已聚集了 3.3 亿用户，并与 390 万家供应商资源连接，其 2600 万台智
能终端为 4.2 万家企业提供数据和增值服务。

企业边界决定了企业的效率，也形成了企业的范围和规模。通过企业
边界的协同共生管理模式，企业可以获得新的发展。

原则二：建立契约信任

组织协同共生的内核在于信任，而信任培养是一个长期且缓慢的过
程。信任的有效发展途径就是契约设计，企业本身也是各种契约缔结的结
合体。契约安排也可以提升价值网中各主体的信任感，进而带来协同效率
的提升。京东认为"京东的核心竞争优势来源于国内消费者的信任"。如
果信任缺失，则很多经济行为无法实现。

互联网时代个体价值和个体的力量得以释放，只有激活组织中的个体，
才能创造企业的未来。而激活个体的关键还是在于信任组织，需要培养个体
的高度信任感，特别是基于认同的信任，只有基于认同的信任才会给个体信
心。在这种信任文化基础上，每一个创造价值的个体才可能相互协同且与组织
共同创造价值，实现组织与个体的协同成长。组织内的信任建立往往需要很
长的时间，在这个过程中双方互相传递社会交往信号，逐步形成认同。组织
内的信任可以显著地减少紧张关系，并提升个体绩效、团队绩效与组织绩效。

与此同时，基于价值共生的协同网络的形成可以降低交易成本，以
防止机会主义行为，其运行更需要组织间的信任。信任可以更好地协同各
方，从而获得更高的效率。合作者之间拥有相似的价值观，遵循相同的道
德默契，这种基于认同形成的信任才是组织内外协同的关键。因此，组织
间的信任能很好地降低各主体因不确定性和依赖产生的投机行为，生态网
络体系有效运作的核心也在于信任。价值网络只有在建立信任后带来资源
或信息输入，才能有效地帮助单个企业。

巨变的数字化时代，企业内部和外部的协同共生需要以信任作为基础。但是，协同共生系统的信任需要注意五个方面。

第一个方面是主体平等协作的理念。契约的各价值主体的身份是平等的，契约完成需要各价值主体充分参与，契约体系需要尊重所有主体的自由意志。同时，契约应该是在相互意见一致的基础上达成的合意，只有这样才能在行动上体现协同共生的理念。

第二个方面是技术穿透保障契约体系。建立基于契约的信任机制，需要考虑数字化时代及快速更迭的技术背景，采用科学合理的技术方式，让技术穿透于契约设计中，目前数字化技术、自动化程序、区块链技术等大量出现也为基于契约的信任机制的建设提供了信息保障。

第三个方面是要使各主体在感情和精神上紧密相连，数字技术能解决的是不信任的问题，但是信任和不信任是两种不同的心理和认知活动，今天企业家面临的最大挑战不在于技术而在于心性。

第四个方面是尽量设计柔性系统的契约体系，使得契约方在不能按时、按量、按质递交产品或服务时，契约会被重新协商，使各主体能适应环境的变化。

第五个方面是确保各主体的价值创造、价值评价和价值分配，促使价值网络各主体之间能高效协同，其中最为关键之处是要建立符合各主体心理预期的价值，创造价值评价与价值分配机制，从而形成"互为主体、资源共通、价值共创、利润共享"的机制，这是促进信任形成的关键因素。

对于打破边界之后的企业组织，无论内部协同还是组织外部协同，都需要以基于契约的信任为运行保障。虽然信任的建立并非一朝一夕就可以完成，但值得协同共生管理模式用心培育。

原则三：协同组织内部

在数字化时代，企业需要做出有效的选择以实现内部协同共生，主要包括组织结构重组以及新的价值体系建设。

传统的组织结构是基于分工展开的，因此固化的角色和权力带来组织稳定，但也导致部门之间的不协调以及过度保护部门利益的情形。在互联网时代，需要改变对责任、权利与角色的认知，从而更好地实现组织内协同。对个体而言，协同不仅是要完成自己的任务和目标，还要帮助协同完成其他人的任务和目标，从而提升组织整体效率。

组织结构重组的方式之一是从金字塔模式不断向扁平化演变，背后的驱动因素都是协同共生，以获得更高的效率，以更有效地进行价值创造。海尔集团的"人单合一"模式，让一家大型制造企业拥有个性化定制能力。2016 年海尔集团收购了 GEA，并向其输出"人单合一"模式，带领 GEA 白色家电业务实现营业收入与利润的恢复性增长。

华为、腾讯、阿里巴巴也都倾向于采用人力资源三支柱即人力资源、业务伙伴专家中心和共享服务中心，三大支柱之间需要协同才能发挥价值。华为"铁三角"运作模式起源于华为的苏丹代表处，该代表处在总结经验时发现合同流失往往因为信息沟通不顺畅、对客户承诺不一致、需求反应慢。为此，华为开始组建针对特定客户群项目的核心管理团队，包括客户经理、解决方案专家和经理，以及交付专家和经理，称为"铁三角"模式。这一模式也在华为不断完善和推广，有效地避免了个人能力和意愿有限的问题，通过合同财务指标、客户满意与卓越运营这三个共同目标围绕客户协同完成任务。任正非认为"铁三角"并不是一个"三权分立"的制约体系，而是紧紧抱在一起、生死与共、聚焦客户需求的共同作战单位。

组织结构本质上是组织内关于责任、权利关系的一套形式化系统，清晰地说明了分配责任、权利及内部协调的机制。组织结构重组，不再以企业为中心，而是以顾客需求和用户价值为中心，组织结构重组的结果要使得组织员工有更高的热情、更多的资源及更强的能力去满足顾客需求。因此，组织结构设计最根本的原则就是以顾客为导向，为组织员工提供服务，支持资源供给、价值评估与愿景激励。在这样的组织结构中，信息呈网状流通，在功能上组织形式也是跨团队、跨部门的正式和非正式的联系，其基础在于信任且形成目标共享体系。组织结构调整之后，组织员工责任与角色的认知也得到了重新构建，以达成真正的组织协同。

组织结构的重组是实现组织内部协同的关键一步。只有经过组织结构的重组，组织内个体才会有更清晰的责任和角色认知。重塑的责任体系和角色认知，可以帮助组织员工在心理、思想和行为层面去认同和实施协同。个体则需要有更多的适应性行为才能更好地适应外部环境与组织结构的战略调整，并促进组织内协同。

组织结构重组的同时，还需要建设新的价值体系。企业需要激励价值创造而非考核绩效，以更好地提升组织内协同。例如腾讯内部"赛马机制"管理模式——让团队之间相互竞争，最后将资源对优质团队进行倾斜。这种机制虽然使得腾讯优秀产品频频出现，例如微信这一产品模式就是由广州的 QQ 邮箱团队研发的，但其所带来的负面影响也同样值得深入思考。首先这种模式造成了大量的资源冗余和浪费，造成了赛马者的心理创伤，可能会对后续工作造成影响。赛马机制也使得各团队之间形成信息隔离，有效的知识资源得不到充分利用，因此腾讯也开始重新审视这一机制，开始组建专门的团队去寻求协同与竞争的合理分配，以取得更好的协同效果。2018 年腾讯宣布"云与智慧产业事业群"放弃实行赛马机制，让原来不同的团队融合在一起，一起合力为行业打造解决方案。

组织结构和价值体系发生巨大变化的过程中，组织内的个体扮演着多重角色，不但要做好自己的工作，还需要协同别人做好多个任务。在更好地与他人产生协同的时候，个体还需要克制自己的欲望与行为。协同的责任体系不仅是个体自身的责任体系，更多的是与他人相关协同的责任体系。个体有了清晰的责任和角色认知后，会在组织中产生一系列行为，这一系列行为能够更好地促进组织内协同，包括同理心，也就是换位思考、设身处地想问题、共情等。组织内的协同管理遇到的关键挑战就是在组织内部要把"部门墙"拿掉，让每个部门成员在整体系统中去创造价值。

网络结构和人际关系是组织内协同的充分条件。组织内的协同得以实现，最后还需要解决价值体系与价值关系的问题。组织所要承担的责任就是拓展个体的能力。人与组织融为一体，组织需要以员工为核心构建一个共同的价值共享体系，为个体实现价值创造提供机会与条件，这样被激活的个体才有可能让组织具有创造力，从而达成个体与组织之间的共生关系。

为此，协同企业内部既要重组组织结构，也要重建新的价值体系，只有这样才能建立个体与组织、部门与组织、部门与部门的共生关系。其中最为关键的是个人和组织的共生关系。一方面，组织要将优秀的个体集合到组织平台上，为其成长与释放能量提供空间，并给予个体充足的授权、资源与支持；另一方面，个体也要充分发挥自己的创造力，与他人合作和协同，注重自身的价值贡献，为组织发展贡献价值和提供支持。这样的企业形成的企业文化中往往会包含开放、包容与利他的价值取向，这也是组织内协同的基本要求，这种文化体系也会产生新的激励系统，不同于传统的绩效管理，这一激励系统所强调的是员工价值创造。

原则四：协同组织外部

数字化时代企业价值创造和价值获取的方式发生了根本性变化。这一变化重新定义了每一个行业，也帮助了不少企业开展全新的发展方式，其核心特征就是企业的经营重心由内部转向外部——借助价值合作伙伴，企业可以为顾客贡献不断拓展的价值。在此过程中获得发展的企业，都是能够建构新的组织关系的企业——能够获得组织外的协同，从而获得整个价值共生网络的价值。而那些无法获得成功的企业往往是在组织外协同方面停止了探索。

在"万物互联"的时代，互联网重构了企业所处的外部环境。企业应该更加透彻地理解到环境的变化，并积极与外部各方面的资源进行互联互通，从而发生根本的转变。以零售业为例，传统零售业是在商场里尽可能提供商品，并确保商品价格合理、品质优良，方便顾客购买。但基于互联网技术和数字技术的"新零售"借助零售企业与制造企业、数字技术企业、电子支付企业以及物流企业之间的广泛协同，让顾客受益并创造出新的价值——人们不再受商场面积的影响，可以在线获得大量信息并做出选择，人们也不需要到实体店内购买，而是直接在线购买，并借助物流在家中获得商品。

值得注意的是，组织外协同是一种互为主体的共生模式。立足共生模式，企业才能超越竞争阶段。共生的模式同样基于价值分享这一概念，这样才能构建起价值生态圈，使得各主体同时成长并实现可持续性成长。竞争的逻辑立场在于企业，而共生的逻辑立场在于顾客，共生也让企业回归顾客价值。企业将更加以顾客为中心，更加注重顾客新的需求价值。

协同共生逻辑也激活了群体智慧。价值网络各个主体是独立的个体，它们有各自的判断和思考，它们所面对的是共同的问题——如何为顾客创造价值。当每个个体都以顾客价值为中心时，就能发挥群体智慧的作用，提供更好的、创造顾客价值的解决方案。例如，微信这一应用所构建的共生逻辑，连接相关和不相关产业的合作伙伴，使得新的创意和价值被持续创造出来。

在创建合作主体的协同共生系统时，企业要确保自己能够构建或是积极加入一个共生系统，以找到自身不可或缺的定位，和其他主体形成价值共生。这样的企业有能力应对不确定性，有机会获得协同发展。阿里巴巴的商业模式是建立共享价值的商业平台，使得中小商户可以便捷地开设网店，创造诸如"双十一"这样的商业现象。阿里巴巴在其构建的商业模式中，并未考虑如何打败竞争对手，而是让更多的利益相关主体在阿里巴巴平台上共同成长，互为主体，形成共生逻辑，也就是互为主体的协同共生系统。

构建合作主体的协同共生系统，关键是企业需要认识和获取到整体的力量，并有能力结合更多主体的智慧以结成网络企业。为此，企业必须是开放整合创新的组织管理系统，这一系统使得企业更加柔性并与环境做出协同，使得企业融合到新的成本结构中，进行灵活的价值创造。在这样的情况下，行业边界、资源条件，甚至是竞争对手，已经越来越模糊。企业需要拥有一种连接上下游的能力、连接相关产业合作伙伴的能力，同时还要与其他产业资本和顾客共同成长，形成协同共生逻辑的具体运作方式。

综上所述，企业需要获得协同共生效应，需要重构企业边界，建立基于契约的信任，构建组织内外的协同模式，打造协同价值体系并形成有效的、渗透至每个个体的协同管理行为。通过推进以上协同共生管理新模式的四大原则，能够帮助企业实现协同共生的管理。协同共生的企业基本特征是企业内部多元分工，顾客与企业之间多向互动。价值网络中每一个个体和企业的角色都随着消费需求而变，并在不同的价值网络里扮演多样化的角色。价值网络中各角色之间是超链接和松散耦合的关系，已经不再是管控与命令式的关系。

顺应时代发展，综合中西文化智慧，与时俱进提出协同共生管理新模式，这对当前中国企业的突围成长带来了诸多启发。协同共生的管理模式让企业进入一个更加互动、关联、开放的类似生态系统的格局，因此企业的管理效率不仅来自内部，而且更加依赖于外部，组织绩效的获得也越来越依赖于外部，企业需要将触角伸到组织外，实施组织外协同，这也是企业数字化生存的必然选择。在当今提倡高质量发展的新阶段，相信一定会有更多中国企业更加重视协同共生管理模式的实践运用。

6.5　典型案例——欧普照明：融入新一代的照明产业价值链[⊖]

　　2010 年之前，传统照明行业以白炽灯、荧光灯、节能灯等照明工具为主，飞利浦、GEA 等西方照明巨头企业垄断了技术标准化，使得中国本土照明企业进不了标准体系，只有在灯具和照明控件上寻求差异，沦为产业链的最低端的配套生产角色，当时这样的本土照明企业多达 2 万家。成立于 1996 年的欧普照明，当时也只能以质量较优的"吸顶灯"产品进入家居照明市场，虽然从 2000 年开始塑造品牌，但业务发展并不显著。

　　自 2010 年始，LED 光源技术逐步成熟并带来了颠覆性创新。LED 照明工具具备的体积小、能耗低、技术提升快、能满足个性化需求等优点，使得中国本土企业与飞利浦等国际巨头站在了同一起跑线。欧普照明借助新技术、新应用带来的行业变革，进行了一系列的组织变革，融入全新的照明产业链，体现了协同共生的巨大潜力。

　　欧普照明在 2013 年抓住了技术机遇，将自身定位在离用户最近的应用端，为用户提供差异化的整体照明解决方案，形成家居照明灯具、商业照明灯具、光源、照明控制等四大产品品类，销售业绩保持年均 30% 以上的增速。欧普照明旨在建立能为用户提供全流程的线上家装定制化服务能力，用户只要提供户型信息，欧普照明的应用平台就能为用户展示并挑选具体装修风格及照明方案。用户确认的订单会被传送到后端进行制造和配送，欧普照明自有的"欧普到家"平台连接了外部的安装师傅和欧普用户，只要用户购买灯具，就能够匹配附近的师傅，在短时间内快速上门安装。

　　这一产业链定位的变化使得欧普快速切入 LED 照明产业链，并且依次打通了各个环节，同时持续推进企业经营管理的数字化、智能化转型，推动工业自动化流程，通过生产线的自动化、模块化设计，不断来提升制

　　⊖　案例改编自：中国管理模式杰出奖理事会.解码中国管理模式⑩：数字化生存与管理重构 [M].北京：机械工业出版社，2018：146-160.

造能力。

与此同时，欧普突破了原有的经销代理线下销售模式，积极试水照明产品的电商业务。欧普照明电商体系到 2017 年已连续多年蝉联"双十一"照明家居行业榜首，线上电商已经成为欧普照明的重要销售渠道。

2017 年，欧普照明还对组织结构进行了智能化改造，每年投入数百万元进行内部软件研发，将决策更加数据化和高效化，最大限度地从内部挖掘每个人的单位产出值。在营收保持高速增长的同时，员工数从 7 000 多人下降到 6 000 多人。此外，欧普照明大胆尝试企业合伙人模式，最大限度地激发团队的自我驱动力，并通过建立欧普大学来提供系统的培训，为公司培养梯队型人才。

欧普照明利用自己的平台孵化各类创新以创造新的增长，其中苏州欧普照明精密模具科技有限公司就是一个成功的尝试。应对传统照明向 LED 转型需求趋势，欧普成立了自己的模具公司。因为产品转型意味着所有的模具要重新做，而按照更高的要求打造模具，就能够更快地完成产品转型。欧普照明的产品研发速度也从过去的一年时间缩减到 3 ～ 4 个月时间。

然而模具行业属于机械制造业及知识密集型、技术密集型和重资产布局行业，高度依赖工程师、技术人员及精密设备，欧普照明很难招揽到太多的技术人才。于是，欧普照明借助数字化，利用新技术，将原来的一些经验转化为数据，极大提高了模具的精准度，技术工人现在完全可以在数据中心来调控工作。原来需要 5 年时间才能培养出一名工程师，2013 年实现数字化后，两年就能完成培养。原先两年才能培养出一名熟练操作机床的技术工人，现在只需要两周时间。对于一些简单重复的动作，欧普照明逐步采用机械手来取代人工。

在拥有强大的数字化能力之后，欧普照明在 2014 ～ 2015 年期间开始思考将模具的精密制造能力开放出来，服务社会。传统的模具行业本身存在人才短缺和设备利用率低的问题。具体而言，人才短缺是整个传统模具行业的现状，大家对稀缺人才的解决方案都是高价挖人，而不愿注重人才的自我培养，加上模具行业本身的从业环境"脏乱差"，而且工作时间长，导致越来越少的年轻人愿意从事这个行业。此外，精密模具加工设备目前多数还是依靠国外进口，价格昂贵，每次使用还需要投入大量时间进行调试，因此设备的有效利用率非常低——据估计只有 40% ~ 45% 的设备能有效利用，其大部分时间被浪费了。

在这种情况下，欧普照明将自身的模具开发能力向社会开放。2015年，欧普照明精密模具的效率整体提升 70%，设备有效利用率达到 80%。截至 2017 年，欧普照明自身的模具需求只占到 20%，而给外部加工占到 80%，而且客户不少是欧洲的大牌企业。

欧普照明的另一个积极尝试是在组织模式上实行事业部制，利用公司这一平台，为事业部提供共享服务。原先事业部的领导者都是销售导向，欧普照明希望他们向总经理的角色转变，以此激发出更多的创业精神，带领事业部发展得更好。除了模具业务以外，欧普照片在路灯、集成家居、欧普到家等业务上进行合伙制尝试。欧普照明的共享平台决定事业部团队的运作效率，欧普照明继续保持大平台、小前端的组织机制，让前端更加具备活力。

欧普照明在技术引领下对产品进行整体升级并跨界融合发展。欧普将健康等元素植入照明产品，利用特殊光谱工具去识别不同人群对光的不同需要，并对光的亮度进行智能调节。灯具不仅能与手机实现连接，利用钥匙遥控，而且很多灯具实际上已内嵌了音响等模块，产品融合的边界也越来越模糊。与此同时，欧普照明也跨界到智能家居、智能楼宇领域，利用数字化、智能化的手段去实现融合。欧普照明积极参与到照明产业的协同共生，其智能灯具已经与华为、腾讯等大型企业形成合作伙伴关系。数字化技术让欧普照明对产业的方方面面进行了融合，使得产业和企业的各个边界逐渐模糊，企业更加关注与谁合作而不是与谁竞争。

欧普照明借助 LED 光源技术对照明行业所带来的颠覆性创新契机，

利用协同共生管理模式的实践实现了新的成长，打破了原先的竞争方式，把自身组织的能力和技术、价值网成员以及用户的需求加以融合并打穿，从而获得自身的真正发展。欧普照明首先围绕终端用户的需求搭建了产品研发、销售渠道、安装服务等新的价值网体系，这一体系不仅融入了欧普照明自身资源，更融合了不少外部资源。欧普照明通过建设自有模具研发和生产能力，既满足了自身产品研发需求，又积极融入行业中为其他企业提供服务，提升效率的同时创造了新的价值。在组织内部，欧普照明通过事业部制建立了管理者与组织之间的契约信任，也更加聚焦地为外部顾客和合作伙伴服务。在互联网技术时代，欧普照明的产品研发注重数字化技术的应用融合，跨界发展，与照明产业的各大伙伴甚至与华为、腾讯等用户平台进行了对接，以更好地服务顾客需求。

总而言之，欧普照明打破了企业经营的边界，建立契约信任，协同组织内外部，发挥了价值共生的真正作用。

6.6　典型案例——温氏股份：互补与共生的"和"文化[⊖]

温氏食品集团股份有限公司（简称温氏股份）创立于 1983 年，从最初的七户八股 8000 元资金起步，现已发展成为一家以养鸡、养猪为主，以养奶牛、养鸭、食品加工、动物保健品、农牧设备等为辅的多元化、跨行业、跨地区发展的亚洲最大、世界领先的养殖企业集团。温氏股份总裁温鹏程在 2008 年就提出，"温氏形成了自己对市场、人才、养殖户、股东、客户等各方面的综合思考和独特理解，形成了处理各类事物的一系列行为准则，使合作各方都能遵循温氏的办事原则，秉承温氏优良传统，长期坚持精诚合作，用勤劳的双手，共同创造今天的辉煌"。

⊖　案例改编自：中国管理模式杰出奖理事会.解码中国管理模式②[M].北京：机械工业出版社，2010.

以温氏股份主要养殖产品——黄羽鸡为例，温氏股份采用封闭式委托养殖模式：养殖户必须承担部分投资，畜禽产权归公司所有，全程封闭式管理，内部流程价格结算以及标准化养殖等。温氏股份封闭式委托养殖模式，克服了许多"公司＋农户"模式中普遍存在的公司对农户"管不了"和"不想管"的问题。

在封闭式委托养殖模式中，养殖户的要素禀赋和比较优势为简单劳动、人工时间和土地，其劳动机动灵活能弥补大公司的不足。公司要素禀赋和比较优势则是企业家能力、资金技术和市场风险应对能力。二者优化组合，方能实现共赢。在这一结合中作为主导者的温氏股份，通过采取委托养殖模式，不但使家庭养殖方式和规模化管理方式相结合，而且有效解决了养殖过程中的激励问题，降低了交易费用，同时将市场风险与养殖户隔离，使其收益完全与养殖劳动相联系，有利于激发养殖户的责任心。

温氏股份长年遵循"真诚合作、和谐为魂"的经营管理思想。温氏股份创始人温北英认为，"要善于把不同才能、各具特色的人聚集起来，为共同的目标而努力"。这个共同目标就是员工、养殖户、运输户的富足美满。为此温氏股份坚持不对农民失信。鸡价好的时候会把额外的利润返还一些给养殖户，在禽流感最严重的时候即使公司每天亏损，温氏股份也要保证养殖户的收入。温氏股份对养殖技术和效益差的养殖户不是简单加以淘汰，而是举办座谈会和培训班，通过分析问题、传授经验来提高他们的养殖水平。就因为这些点点滴滴的积淀，公司和养殖户们才能一起成长。

在产业链整合和价值链优化方面，温氏股份进行了资源配置优化，对产业链加以分解，有效整合外部资源。因为肉鸡的生产产业链比较长，温氏股份不仅把肉鸡养殖过程转移到养殖户，同时也把肉鸡运输业务交由运输户去完成。温氏股份产业化经营模式的一头是公司加农户，另一头是公司加运输户，这样把养殖和营销两个环节分解出来。

基于以上经营模式，温氏股份自己不养鸡也不卖鸡，而是集中力量优化核心产业链，一是向上游产业链延伸，二是着力于养殖技术和管理服务，三是进行下游的品牌塑造和推广。温氏股份聚焦关键产业链，提升自己的核心竞争力，着力构建黄羽鸡的饲养技术体系研发及其推广应用，以提升温氏股份黄羽鸡产业核心竞争力。

温氏股份通过产学研结合获得研发力量，先后与华南农业大学、南京农业大学、华中农业大学、中国科学院广东分院等 10 多所农业类研发机构进行技术合作。温氏公司同时建设自己的研究机构和平台，包括成立技术发展委员会、建立温氏研究院、建设各级实验室和实验场所、设立博士后工作站和工程技术研究中心等。温氏公司也在种苗、饲料和部分兽药方面进行生产，进入核心产业链的上游。温氏股份建立了专家队伍、专业研发部门、区域技术培训与服务部，并设立了养殖户助理员岗位，进行技术推广，建设服务网络，以更好地向养殖户提供全方位的服务。这些举措有效保证了养殖关键技术的应用，使养殖效率得到明显提升。

温氏股份还有一条"家规"，就是全员持股。2008 年，最大股东持有的股份不足 4%。温氏股份创造了一种人人都是主人的和谐共处氛围。温氏股份会在内部调整岗位，但不解聘正式员工，也没有一位员工因对公司不满而离开。

温氏股份创造性地把养殖户、运输户、员工、投资者和社会等各方利益有机结合起来，并进行合理分配，用实际行动诠释了"实现共同富裕、造福员工、造福社会"的企业宗旨和"精诚合作、各尽所能、齐创美满生活"的核心文化理念，形成了内部和谐、外部和顺、整体协调的发展机制，有效推动了中国养殖业的健康发展和农民生活水平的提高。

第7章

以势求变，稳健成长[⊖]

在中华文化中，因势利导、以势求变是中华民族应对生存环境稳健发展的大智慧。《孙子兵法·虚实篇》提到："水因地而制流，兵因敌而制胜。故兵无常势，水无常形，能因敌变化而取胜者，谓之神。"这种以势求变谋发展的智慧，即便在不确定、复杂和模糊的时代也是企业经营实践的重要原则。企业的创立和发展本身就是变革的产物，而企业所处环境无时无刻不在变化之中，因此基于环境情境创建的企业，其内在运行与应对外部的机制在领导层和执行层都需要加以不断变革。稳健成长是企业生存发展的目标，持续变革是企业成长必经之路，以势求变是构建中国管理学变革理论与实践的智慧源泉。

⊖ 本章有关变革理论的逻辑和叙述主要参考：井润田. 组织变革管理：融合东西方的观点 [M]. 北京：科学出版社，2020.

7.1　势在必行：持续变革中的企业

企业面对所处大环境的变迁、行业小环境的竞争以及内部环境不同阶段的要求，需要进行持续的变革。

7.1.1　环境瞬息万变

VUCA 是易变性（Volatility）、不确定性（Uncertainty）、复杂性（Complexity）、模糊性（Ambiguity）四个单词首字母的缩写。在 VUCA 时代，企业要适应环境并提前进行灵活有效的变革才能有机会生存成长。2018 年中美贸易争端更使得诸如华为等我国高科技企业遇到了前所未有的挑战；全球范围的环境保护要求以及我国政府提出的"碳达峰、碳中和"目标对企业经营产生更多规范要求；2020 年开始肆虐全球的新冠病毒感染导致全球供应链格局、消费能力和消费态度及生活方式都发生了巨大的改变，企业产品和服务的研发、生产与推广都需要相应调整；2022 年俄乌冲突使得全球地缘政治扑朔迷离并对我国未来能源来源产生影响；2023 年初公布的我国人口 60 多年来首次负增长统计数据意味着我国社会老龄化趋势与出生率逐步下降，劳动力供应与消费潜力等方面的挑战需要企业未雨绸缪；新技术涌现、数字化水平提高更对企业转型和战略选择带来了前所未有的挑战。

中国企业已经在积极变革以应对外部环境的变化。在新能源汽车领域，以比亚迪领衔的国产汽车品牌开始崛起，让新能源汽车销售占比不断提升。华为等高科技企业积极调整全球市场区域，加强技术和产品研发，深耕行业解决方案，使得企业在重压下继续保持稳定发展。阿里巴巴意识到电商发展空间下降，及时将旗下几大电商平台进行整合以降低成本，提高效率。外部环境动态多变，企业只有把握好时代的趋势做好自己的准备和调整，才不至于被淘汰。

7.1.2　行业竞争压力

企业所处行业的竞争也是变幻莫测的，企业唯有利用各类环境因素不断变革才有可能生存和发展得更好。根据 Larreche 的研究，全球 1000 家大企业在 1985～2004 年的营销投资行为和经营效果之间的关系，根据营销行为他把企业分成三类——苦干型、墨守型和激进型，分别占总数的25%、50% 和 25%。苦干型企业以传统方式努力推动业务，通过维持高营销支出来带动业务增长，其营销费用占销售收入比例的增幅最大。墨守型企业营销费用比例不变，也没有采取激烈行动以改变现状。而激进型企业则利用各类环境因素大胆变革，同时把营销费用平均降低了 4%。研究发现：这一期间墨守型企业的股东价值与道琼斯指数变化相比下降了 28%，苦干型企业与道琼斯指数涨幅相当，而激进型企业的广告支出与销售收入比例虽然下降，但其股东价值却比道琼斯指数高出 80%。在企业收入方面，激进型企业的涨幅几乎是苦干型企业涨幅的两倍，激进型企业也要比苦干型企业的利润增长率高出 58%。如果把营销行为作为企业应对外部竞争的主要手段，这一研究显示了勇于变革的企业往往要比墨守成规或者不改变传统方式的企业显得更有效率，取得更好的绩效和成长。⊖

全球情况如此，中国企业尤其如此。随着营销渠道和传播模式的剧烈变化，中国企业不断调整新媒体和传统媒体投放比例，同时积极推动线上线下全渠道融合，以应对消费者行为变化和激烈的竞争挑战。例如小家电行业的九阳于 2017 年就把新媒体投放预算调整为传统媒体投放预算的 2倍，并且及时布局线上零售渠道，使得线上销售收入达到总收入的 40%。能够在激烈竞争中生存下来的其他消费类中国企业也基本上经历了相同过程。⊜

⊖　井润田.组织变革管理：融合东西方的观点 [M].北京：科学出版社，2020.

⊜　中欧国际工商学院：新营销的挑战与机遇 [Z].2018.

7.1.3　企业成长与变革

彼得·德鲁克在《下一个社会的管理》一书中指出："为了继续生存和成功，每个组织都必须成为变革的领导者。要成功地引领变化，最有效的方法就是创造变化。"可以说企业的成长离不开自身不断变革。

就企业本身而言，企业具有一个从创造、发展到消亡的生命周期，不过其生命周期与自然界动植物的生命周期相比需要更多考虑到企业组织中人的能动性作用。20 世纪 50 年代以来，管理学界提出了 20 多种有关企业生命周期阶段的模型。但分析发现企业平均寿命都不长——国家市场监督管理总局企业注册局通过综合分析 2000 ～ 2012 年全国新设企业、注吊销企业生存时间等数据，总结发现近五成企业年龄在 5 年以下。企业成立后 3 年至 7 年为退出市场高发期，即企业生存的"瓶颈期"。[⊖]最近几年新冠病毒感染和中美贸易争端等因素可能会导致中国企业的平均寿命更短。企业成立和消亡的速度，迫使企业各层人员考虑如何把企业生存与成长作为首要目标，实现这一目标的关键在于需要根据企业不同生命周期特点进行相应变革。

Lewis 和 Churchill 根据企业成长的两个指标——企业规模和管理因素总结出企业成长 5 个阶段——创业、生存、发展、起飞、成熟，前一阶段发展顺利才能进入后一阶段。[⊖]不同阶段管理模式都要进行变革转型，否则企业就没有新的发展机会。Greiner 提出的组织成长阶段模型认为企业必须围绕着演变与变革不断交替的方式持续向前推进，企业自身发展势头比外界环境更能决定其发展历程。根据营业额或员工数变化，企业会经历创造、指令、授权、协调与监督、协作五个阶段。每个阶段必然面临前期

⊖　中央政府门户网站 . 工商总局近日发布全国内资企业生存时间分析报告 [EB/OL].（2013-07-30）[2023-11-05]https://www.gov.cn/gzdt/2013/07/30/content_2458145.htm.

⊖　CHURCHILL N C, LEWIS V L. The five stages of small business growth[J].Harvard Business Review,1983,61（3）: 30.

和后期危机，需要领导者在不同阶段采取不同的决策风格和组织架构，以突破成长危机。[○]

企业内在发展的每个阶段都要进行相应变革，否则企业无法高质量发展。当年极其抢眼的餐饮企业——俏江南以创新菜品、独特环境与良好口碑吸引了大量的消费者，但公司在扩张发展阶段没有能够及时控制出现的各类危机，最后走向意料之外的局面。这样的例子在中国企业发展历程中不胜枚举。

原本在中国红红火火的家乐福，2023年春节前后破产传言不断。1995年进入中国后，家乐福带来了全新的"一站式"购物、扁平化管理、轻资产运营等新模式，很快就走上了扩张快车道，连续多年保持着外资零售在华门店数量第一的地位，成为中国"零售业的黄埔军校"。但是，缺乏持续变革的动力，成为家乐福倒下的重要原因之一。例如面对国内电商的异军突起——2011年沃尔玛开始布局电商，2013年大润发推出了自己的电商平台，家乐福却反应迟钝，没有及时变革发力，2015年才开启电商业务。2018年，家乐福网上商城覆盖的城市也才只有18个。2019年，已被集团视作鸡肋的家乐福中国干脆以48亿元的价格被卖给了苏宁。家乐福在中国的兴衰，体现了组织持续变革对于企业成长的重要性。[○]

面对复杂多变、难以琢磨的外部环境，面对行业内部日益激烈的竞争状况，面对企业自身发展不同阶段的各种要求，企业需要持续变革。如何看待企业变革？如何进行持续变革？这影响到企业能否稳健成长。对这些重要问题存在不同看法，前期中国管理学界引入了很多基于西方国家企业实践形成的组织变革理论视角，这些理论一方面存在情境匹配问题，另

[○] GREINER L E.Evolution and revolution as organizations grow[J].Harvard Business Review,1972,76（3）：37-46.

[○] 陈婷，杨昕怡.在华沉浮28年家乐福中国再转舵：从"求变"走向"求存"？[EB/OL].（2023-04-28）[2023-11-05].https://finance.sina.com.cn/jjxw/2023-04-28/doc-imyrxerv2825808.shtml.

一方面存在文化认知方面的差异。组织变革理论不仅需要多考虑中国的情境，还需要更多符合中国文化认知习惯的新视角。

7.2　势与变革：融合东西方理论和实践

彭凯平长期进行中国人与西方人的思维特性比较研究。在归因方面，中国人相信环境的作用，相信很多客观的周围世界影响，西方人更多关注个人原因。因此中国人讲大形势影响，西方人偏重小形势影响。相对而言，中国人更容易看到整体，看到全局，看到所有的关联性和变化性；中国人看问题很全面，不只强调事物本身特性，还强调环境、强调变化。[一]

所有文化都是人们为了适应自己的生存环境而创造出来的最有意义和价值的文化，所以没有对错之分，也没有高下之分。无论如何，我们要尊重各个地方的文化传统，尊重每一种文化存在的价值。正因为有不同的意义和价值，所以我们可以从其他文化中学习优点，这样才能产生更伟大的智慧，而不是拘泥于某一种思维方式或方法。

对于企业变革的思考和实践，也不难发现东西方文化的差异。这两种文化背景下的学术理论和实践智慧，同样需要加以比较、甄别、融合。

7.2.1　基于西方管理实践的理论视角[二]

Armenakis 和 Bedeian 系统回顾了组织变革相关文献，将组织变革理论框架分为三个因素：内容、情境、过程。[三]内容体现在变革的实质方面，

[一] 彭凯平. 中国人与西方人的思维有什么不同 [N]. 文摘报，2022-03-02（7）.
[二] 本小节内容综合改编自：井润田所著《组织变革理论：融合东西方的观点》第二章。
[三] ARMENAKIS A A,BEDEIAN A G.Organizational change:a review of theory and research in the 1990s[J].Journal of Management,1999,25(3):293-315.

情境体现在组织外部或内部因素变化方面，而过程则体现在变革采取的行动方式方面。这一框架成为分析组织变革的常见理论范式。

组织变革内容的研究目的在于找出影响变革成功或失败的关键因素，以及这些因素之间的关联性。但研究发现单一主题的变革内容几乎不存在，因为单一要素很难满足组织成功运行的要求。Leavitt 提出变革划分为结构变革、技术变革和人员变革。⊖Nadler 和 Tushman 提出组织一致性模型，将变革所涉及的四个要素（任务、个人、结构和非正式组织）加以描述，并认为组织变革转型只有当战略上与这四个要素取得一致性时才能发挥作用。⊜

基于变革内容还可以划分为渐进式变革和激进式变革两大类型。渐进式变革仅仅对组织进行小幅度的局部调整，力求通过一个较为缓慢的过程实现动态模式向目标状态转变，以量变带动质变，主张有计划、一步步实现变革，这种变革风格比较温和，复杂度低，对员工及各方利益相关者影响较小，因此可能阻力也较小，但缺点在于缺乏系统长期的规划，效果显示比较慢，组织也不易摆脱原有体系和制度问题。

激进式变革则在短时间内对组织进行大幅度调整，以求彻底打破初态模式，并迅速建立目标状态，这种变革过程类似于休克疗法，力求在短期内达到全方位的调整效果，主张彻底打破原有组织结构，对组织进行大规模、大幅度的全面调整及修正，对组织进行重大的根本性改变，以求在最短时间内扭转组织的不利因素。这种模式必然会打破组织系统的稳定和平衡，加剧组织成员之间的冲突，变革的风险很大，甚至会导致组织的破裂。管理者需要根据组织形式和外部环境来判断如何进行平稳发展，从而

⊖ LEAVITT H J.Applied organizational change in industry:structural,technological and humanistic approaches[C]//March J G.Handbook of Organizations.Chicago:Rand McNally&Company,1965:1144-1170.

⊜ NADLER D A,TUSHMAN M L.A model for diagnosing organizational behavior[J]. Organizational Dynamics,1980,9(2):35-51.

根据不同的情境采用不同的变革内容。

有关组织变革的情境主要有两种观点。一种观点基于诱导型战略过程。企业在熟悉的环境中利用现有机会，自上而下，高管制定企业战略并指挥各层管理者采取相应战略活动，希望通过持续可靠地满足用户需求，在环境选择中生存下来。这种响应倾向是战略惰性的一种常见来源，因为企业尝试通过各种力量塑造对自己有利的环境。

另一种观点认为企业应该采取自主性战略过程，由下而上，战略过程是在新兴的环境中发现新的商业机会，探索现有战略之外的新机会。这往往来自那些创业型员工依据新的环境要素，将组织竞争力拓展到其他领域。自主性战略过程往往对企业现有战略起到补充作用，能够在面对替代风险的早期阶段发出信号。自主性战略过程往往是在组织动态能力和环境共同演化的过程中偶然产生的。自主性战略过程的关键作用就是拓展企业能力和机会的边界，预防潜在的破坏性竞争行动。因此企业在战略制定过程中，保持利用现有机会的能力的同时，在自主性战略过程中保持探索新机会的能力。

组织变革的过程是指变革中所采取的行动系列，从 20 世纪 90 年代开始产生了两种对立的观点：一种观点认为组织变革是非持续的、间断的，另一种观点则认为变革是一个持续过程并不断向前演进。

前一种观点更多体现在计划式组织变革理论中。最经典的理论模型当属 Lewin 基于力场分析方法提出的组织变革三阶段理论。组织中存在两种对立力量，一种是变革推动力（诸如行业调整、竞争对手威胁、科学技术发展、商业模式创新、顾客需求变化以及知识结构更新等），另一种是均衡这些推动力的变革抵制力（诸如贸易保护主义、组织文化、成员的定向行为模式以及固有思维习惯等）。力量平衡时就不会变革，但为了使组织发生变革，领导者必须找出方法去增强变革的推动力，降低变革的抵制力。为此，组织变革会经历三个稳定的前进阶段——解冻、变革、再冻

结，以平衡变革推动力和抵制力。[一]

　　许多人支持自觉的、有计划的变革，但有研究发现计划式变革的失败率高达70%。[二]Kotter通过分析100多家企业实施变革的案例，总结出了变革八大步骤模型——建立紧迫感、形成强有力的指导联盟、树立愿景、沟通愿景、授权他人、实施愿景规划、实现短期成果、巩固现有成果并持续推动变革以将新方法制度化。[三]这一模型是对三阶段模型的进一步细化——前四个步骤属于解冻阶段，中间三个步骤属于变革阶段，而最后一个步骤则是再冻结阶段。计划式变革的重点在于群体参与，因此比较适合稳定的环境而不适合动态复杂的环境。虽然计划式变革能够应对一定危机，但在当前环境结构很难预期的情况下，已经不足以确保组织成长。20世纪60年代开始出现重大方向性变化——关注组织演化理论，通过对组织内部持续变化的过程进行研究来探索组织是如何演化的，包括组织的成立、集体成长和变革。经过演化而实现的发展往往会具备更强的环境适应能力以及更强的持续发展能力。

　　演化式变革理论认为环境是不可预知的，变革可以从任何地方开始并且涉及相对来说非正式的自我组织，包括变异、选择、保留和指向稀缺资源的斗争四个基本过程。企业生命周期的模型往往也体现了企业演化的过程，但企业的生命周期与生物界不完全相同，原因在于企业作为社会组织，无法回避人的能动性作用，因此在企业的演化过程中，人的作用极其重要。演化式变革需要组织随时适应环境，不断学习并做出决策，利用现有的隐性知识，缩短从结果到行动的反馈周期。演化式变革鼓励从下往上

[一] LEWIN K.Field theory in social science:selected theoretical papers[M].D CARTWRIGHT,Ed. New York:Harper&Brothers,1951.

[二] BURNES B.Introduction:why does change fail, and what can we do about it?[J].Journal of Change Management,2011,11(4):445-450.

[三] KOTTER J P.Leading change:why transformation efforts fail[J].Harvard Business Review,1995,73(2):59-67.

参与变革，增强企业文化对员工的行为和态度的影响，不断试错并改进，这是对计划式变革的有效补充。

基于西方管理实践的组织变革理论视角，主要通过静态的分析方法，将各个环节加以考察，更多通过观察思考和经验总结对现象加以梳理分析，缺乏一定的整体感和动态感。演化式变革、计划式变革、持续变革、间断变革、渐进变革、激进变革还缺乏统一的视角加以整合，对于中国的管理实践者而言，概念过于细化而且无法从自身的文化角度加以深刻理解和掌握，往往会造成机械化操作，导致组织变革的失败。华为当年导入海外咨询公司指导的组织变革，为了取得成功，只能采用先僵化、再固化、最后才可以优化的高压措施。[⊖]但毫无疑问，这样的变革虽然可以取得成功，但还是会耗费大量资源。为此，中国企业的组织变革，一方面需要参照从西方管理实践中得到的经验和思维模式，另一方面也需要基于中国文化的理论视角加以理解和实践。采取比较平衡的做法，中国企业的组织变革之路可能会走得更加顺畅。

7.2.2 基于中国文化的理论视角

不同文化情境的企业管理者对于组织变革理解和实践可能并不相同。中国文化情境的组织变革理论需要提出新的观点。井润田提出的基于中国文化特色的"势"的管理理论为中国管理学术和实践领域提供了新的视角。

"势"这个字在中文世界被人们长期广泛使用，但又很难说出其确切定义。一方面，"势"字加在相关词语后面，通常可以表示静态的或稳定行进的事物的演变趋向，具体如局势、形势、态势、情势、水势、火势、时势、走势、涨势等；另一方面，势又指某种影响力，如权势、地势、山

⊖ CMKT 咨询圈. 华为：一个靠"咨询"长大的公司 [EB/OL].（2022-06-18）[2023-08-08]. https://new.qq.com/rain/a/20220618A082OJ00.

势、势力等。势，古字作"勢"，字形从"埶"从"丸"，"埶"为高土墩，"丸"为圆球，字面意象是圆球处于土墩的斜面即将滚落的情形。势字的义项源自土墩斜面所给人的倾向感，以及这种斜面对"圆球"的加速作用。在某种意义上，环境就是各种斜面或曲面（包括直立面、水平面）的组合。推动或影响事态运行的因素有施动者所施加的"力"，也有事态环境中各种"斜面"所形成的"势"。因此，可以确定：势可以理解为用以表征事态演变特征的"加速度"，以及产生这种"加速度"的影响力。

系统内在的张力或外界的影响力是产生"加速度"的原因，它们对逆势而行者起着阻遏或改变行进方向的作用，对顺势而行者则起到加大运动速率的作用。它们造成行为处境的安稳与险恶的分化，改变行进过程的难易程度，影响行动者行走姿态的安适感，从而对行为取向与取态产生影响。因此，一定的事态局面可以有众多的参与者，每个参与者都能对局面的演变产生一定的影响。

汉语也用"势"来翻译近代物理学的"potential"（亦为"势能"）。[⊖]就运动学描述而言，势是改变事态的"加速度"；就动力学分析而言，势是产生"加速度"，从而对事态的演变产生加速、阻遏，或改变行进方向等作用的影响力。"势均力敌"的系统可以看成一个"静力学系统"，或者说是一个系统演变速度接近于零的"动力学系统"。

中国文化具有丰富的变革思想，《周易》和《道德经》就体现了这一文化智慧。道家思想将运动中的万事万物概括为"阴"和"阳"两个对立的范畴，并用阴阳二元性变化原理来说明世界运动的一般规律和途径，提出了和谐统一的动态变革思想。道家认为变化是无休止的，阴阳思维中持续

　　⊖　物理学的势（potential），也称作"位"，是一种能量概念。在保守场里，把一个单位质点（如重力场中的单位质量、静电场中的单位正电荷）从场中的某一点 A 移到参考点，场力所作的功是一个定值。也就是说，在保守场中，单位质点在 A 点与参考点的势能之差是一定的，人们把这个势能差定义为保守场中 A 点的"势"。在热力学中，所谓势，就是推动能量传递的作用力，其数值的大小直接决定能量传递作用的强度。

循环有序并且没有终止状态的视角，有益于我们对组织变革展开新的认识。

《孙子兵法》也提出了对"势"这个概念的解释，其间接战争的思想认为决定战争胜利的不是人，而是战场上的"势"。这与西方战略学家所提出的不惜一切代价消灭和摧毁敌对势力的决定性战斗观点不一样。孙子认为"故善战者求之于势，不责于人，故能择人而任势"。《周易》中"势"就是一种感知到的情景力量，可以使人们的行为与期望的目标保持一致。当形势有利时，可以帮助人们通过具体行动来实现目标；当形势不利时，会阻碍这些行动。因此在中国社会中，这种基于"势"的间接性问题求解方式，为人们在日常生活中的冲突处理、竞争与合作、悖论管理、变革思维和领导行为等多个方面提供了思维框架。

诸子百家中的法家代表人物之一——慎到强调治国以法为准绳，并丰富强化了管仲的"势"的概念，认为任何变法，以及出仕处事之道，都要看准"势"的变化，要让形"势"总是站在自己这边，依靠控制"势"而达到控制变法和强国的目的。法家集大成者——韩非结合商鞅的"法"、慎到之"势"、申不害之"术"，提倡以礼辅之。韩非强调"法"在统治中的作用，同时突出"势"的重要性。但韩非的"势"主要指君王手中的权势、权威，即君主统治所依托的权力和威势。

中华文化对"势"的哲学思考体现了系统观。组织系统与内部要素之间、要素与要素之间相互制约、相互促进，在对立与联系的相互作用中产生相互依赖性。阴阳看似对立，但又相互统一。事物处于不断变化之中，变化中的阴阳会向其相反方向转化，成为对立而统一的整体。这种系统观和辩证思想深深扎根于中国社会人们的思维习惯中。中国不少企业家也把组织看作始终充满矛盾和变数的复杂性系统，关键就在于整合组织中的各个要素，维持系统中要素之间的相互匹配，在矛盾与对立中找到统一平衡的对策。

中华文化对"势"的哲学思考也体现了"势"与变革行为之间的契合

性。组织在变化的过程中会产生积极的或消极的"势",面对不同的形势,管理者必须在内外部环境中审时度势,对不同情况和问题提出相应对策。组织变革的原则也是如此,管理者根据环境而调整战略,就好比水的变化形态适应地形一样,变革成功的关键在于管理者能够理解并运用环境和形势中的优势,创造有利的"势"去适应环境。

中华文化对"势"的哲学思考还体现了主观感知性。中华文化里的"势"强调的不是客观存在,而是人们对运动事物彼此依赖性的主观感知。当感知到的形势有利时,组织为了抓住机会而采取应势战略;当感知到形势不利时,组织通过造势来调整形势,进而创造有利的形势。组织变革一方面受到管理战略影响而具有主动性,另一方面也受到环境变化制约而具有被动性。

围绕着"势"的动力学分析现在已超出物理学的范畴而广泛应用于化学、生物、经济、社会等各个领域。在管理研究领域,西方学者也提出了与"势"相关的概念,但这里的"势"(momentum)更是指牛顿经典力学中的"动量"(运动的推动力,或者与运动物体相关的能量或推动力)。

井润田在其著作中提到了"势效应"(momentum effect)的概念,认为增长业绩比竞争对手高出不少的企业似乎有一股看不见的力量,使得企业通过更有效率的方式实现持续增长,也就是说增长质量更高——创造更高的利润又能消耗更少的资源。这个概念似乎更加关注企业内部的运行,因为其重要指标是客户保留率,所有支持要素都是经过精心设计并协调一致,共同指向目标客户的。与组织变革理论中频频出现的"惰性""阻力"等负面概念相对,组织变革需要组织势(Organizational Momentum)这样的正面概念,以描述领导者如何认识和构建一种能够不断促使组织变革成功的正向力量。虽然后续不少研究都对此进行了探索,但组织势的概念并没有得到明确界定。⊖

⊖ 井润田. 组织变革管理:融合东西方的观点 [M]. 北京:科学出版社,2020:13.

　　总体而言，在商业实践和企业发展中，"势"作为一种保持变化的力量，也被看作提升变革和成长力量的关键。

7.3　应势、借势、造势：基于"势"的三种管理战略

　　中国文化有关"势"的思想对管理者具有很大启发性，但在理论化和操作化方面还需要更加清晰的理论解释。具体而言，基于"势"主要有三种管理方式来实施变革——应势、借势、造势。

　　如果当前的势有利于行为者变革意图，那么人们抓住此时机应势来实施变革，就如阴阳哲学中的相生。而当势不利于变革（相克）时，人们可以通过造势有目的地改变外部环境，从而使外部环境更为有利。相生和相克当中存在一种无为的状态，但并不是指什么都不做，而是指忍耐以避免无谓的努力，耐心等待势发生变化（借势），并为下一步行动积蓄力量。

　　人既可以是计划式变革的发起者，又可以是持续变革的重新定位者。领导者在变革过程中采用应势、借势和造势三种战略来改进他们的变革成果。这三种战略行动依赖不同环境的支持性，而环境认知依赖领导者不同的认知能力和时间导向性。这三种战略行动与"势"之间的相互关系，组成了动态的由"势"所驱动的组织变革过程。

　　应势战略：当目前的"势"被感知为有利于变革时，变革推动者可以借此机会实施变革行动。时机的变化，会显著影响到变革行动的成功和失败，这也就可以解释为什么相同的变革行动会在不同的时间点产生不同的作用。快速把握机会的能力，对于实施变革至关重要，因为环境因素的周期性起伏，会带来机会的同步变化。

　　借势战略：当目前的"势"不利但预期未来的"势"有利于变革时，变革推动者可以有意图地延迟变革行动，即沿着势的有利程度的高低调整变革行动的速率。当"势"在有利程度最高点之下时，需要直接的人为干

预完成特定变革。当"势"不利时，就应该有意识地"无为"，而非直接进行变革，以避免遭遇强烈反抗。有意识地"无为"并非意味着真的什么都不做，而是有意地延迟或暂停变革行动，进而与"势"的自然循环达到一致。借势战略重点在于分析和解释"势"的未来变化轨迹，从而能够合理地同步变革行动。快速实施变革并不一定能带来最好的结果，逆势而为更无法带来成功，需要等待合适时机进行真正的变革。

造势战略：当目前和未来预期的势都不理想时，即使延迟变革行动也不会带来理想的结果，因此变革推动者需要运用创造"势"的战略，重新定向"势"的发展，使其更加有益于变革行动。这种战略要求变革推动者先将注意力转移到未来状态上，再往前追溯确定可以改变"势"的发展轨迹的关键环境因素。换句话说，就是强调有意识地管理当前情境或者引入所需的结构和事件并付诸行动。虽然期望目标和变革推动者的意图指导着这个过程，但只有个体操纵环境因素并付诸实际行动，才能创造有利机会。

在实施组织变革时，每一种战略都包含个体干预和"势"之间的权衡，进而每一种战略都反映出对不同时间点的关注——借势战略关注过去和现在，应势战略关注现在，而造势战略则关注现在和未来。井润田根据对成都公交集团改革的案例研究，提出了相应的基于势的组织变革模型（见图 7-1）。

这一模型显示变革过程中变革推动者并不是持续变革的唯一推进者，而是应该充分利用"势"的力量，同时认知和有战略性的行动非常重要。面对不利的势，变革推动者应采用造势战略着手改变生态因素，促成组织内部当前"势"的变化；在"势"变得有利于变革时，推动者可借用应势战略，迅速直接地实施变革行动。

在持续变革过程中，变革往往具有复杂抽象的一般目标，但变革推动者必须将整个过程分为多个连续的阶段，不同的行动可能会导致不同的结果，之后在下一阶段进一步影响"势"。因此为整体变革制订渐进目标是一门精妙的艺术，需要在每个变革阶段的行为和形势之间达到微妙的平衡。通过全面思考，变革推动者可以更好地利用变革过程中有利或者不利的"势"。

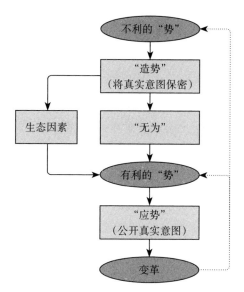

图 7-1 基于"势"的组织变革模型

此处根据井润田《组织变革管理：融合东西方的观点》P97 的内容重新制图。

相比西方的组织变革模式，基于"势"的组织变革模型体现了中国文化的辩证思维，特别强调变革推动者要学会在正确的时间做正确的事情，变革推动者需要整体考虑环境可能发生的变化，从而发现最有效的行动方案，并在此基础上展开积极主动的变革。基于该模型有两点特别重要：第一点是如何把握"势"与变革时机，第二点是如何推动持续变革。因此，变革推动者需要识别和描绘"势"，评估和诠释"势"的有利程度，并且操控行为情境，进而诱发未来的"势"。这一过程需要大量的隐性知识，也就是管理的实践智慧。

组织变革是一个持续变革的过程。在此过程中，变革推动者需要评估局面，发现核心问题，创建可能性设想，描绘变革愿景，持续推动变革，并且激励变革过程。在持续变革过程中，变革推动者需要培养自己的系统思维能力，从整体入手进行思考，用动态思维代替静止思维，用多因素代替单因素。若要对系统做出改变，则要找到整个系统的支点。因为线性思维在复杂世界容易错失良好的变革时机，所以变革推动者需要刻意训练培养系统思维。

持续的变革过程更离不开员工的参与，但是组织本身具有复杂的自我免疫系统——旨在保持现状，而不是持续改进。因此需要采取措施来激发员工参与持续变革的过程，注意变革中对中层管理者的培养，以及做好变革中的情绪管理，引导组织形成自下而上的持续变革势头。

在组织变革的研究方面，中国管理学界近年来主要引进了西方管理学界基于西方企业的管理实践形成的理论视角，随着中国企业的发展，需要从中国实践的角度加以新的探索。"势"的管理战略研究，将中国文化的概念，融入了持续变革理念，强调了变革过程中人的能动性，把握了激进式变革和渐进式变革的节奏。井润田提出的"势的管理"研究论文近年来分别获得中国管理研究国际学会（IACMR）和美国管理学会（AOM）颁发的最佳论文奖，这一研究对建立中国情境下的本土管理理论具有很好的示范作用，对于揭示蕴含于中国文化思维中的管理智慧也具有富有价值的借鉴意义。

组织变革管理并非易事，而成功企业的发展历史往往就是一部千变万化的发展史。中国企业管理已度过照搬国外先进经验和理论即可获得发展的早期阶段，现阶段的中国企业管理需要从更加全面的视角加以深度审视和完整实践。"势"的管理战略，平衡了东西方组织变革理论的差异，值得中国管理者认真思考变革管理活动并加以实践检验，以势求变，让企业真正稳健成长！

7.4　典型案例——新东方的以势求变[⊖]

1991 年，俞敏洪从北京大学辞职，1993 年，他一手创办了以出国英语考试辅导为主的新东方学校。两年后，俞敏洪及其"海归"团队开发了留学咨询、基础英语培训、留学文书写作等新业务，并开始在全国扩张，逐渐成为国内教培行业的领头羊。

2021 年 7 月，整个教培行业的生存发展出现巨大问题。2021 年前 3 个季度，全国有超过 16 万家教培相关企业注销或吊销。2021 年 11 月 4 日，俞敏洪在微博上宣布，新东方把近 8 万套崭新的课桌椅捐献给了农村中小学。另外，还有 8 万套课桌椅在路上。一个月前，新东方开始放弃 K12 业务（中小学课后辅导业务），而该业务之前连续多年一直是新东方教培业务的主体。新东方在 2021 财年全部收入中，有 80% 来自 K12。在此不确定性之下，俞敏洪和新东方迎来企业成立以来最大低谷——企业市值下跌 90%，营收减少 80%，员工辞退 6 万人，加上员工赔偿、退学费、教学点退租等现金支出近 200 亿元。

俞敏洪吐露："新东方接近 1500 个教学点要退租，光是装修，新东方就花了六七十亿元人民币，现在这些教学点要全部退租，还有违约金、押金，再加上学生学费退款，员工、老师的离职费用，真的是巨大的一笔钱。"在这种情形下，俞敏洪开始思考企业转型，以势求变，使企业获得新的成长。

俞敏洪在高管会议上提出了一个大胆设想：直播带货。俞敏洪的想法引来了嘲笑。当时直播电商风起潮涌，毫无电商基础和供应链能力的新东

⊖　案例材料综合改编自：中欧国际工商学院 . 新东方：转型新考验 [Z].2012.

周佳丽 .2022 最牛老板：新东方在线市值暴涨 600 亿 [EB/OL].（2023-01-18）[2023-08-08]. https://mp.weixin.qq.com/s/JmqIWKZ8aPnL6xGUeNuMvg.

吴昕 . 新东方改名，俞敏洪不留退路 [EB/OL].（2023-01-09）[2023-08-08].https://mp.weixin. qq.com/s/AEaGOk_YgOV8vjYzhbF6SA.

方，能否从中分走一杯羹？

2021 年 11 月 7 日晚，俞敏洪在直播时表示，新东方计划成立一个大型的农业平台，自己将和几百位老师通过直播带货帮助销售农产品，支持乡村振兴事业。一个月后，东方甄选诞生，其业务主要集中在水果、牛羊肉等农产品的带货。12 月 28 日，俞敏洪坐镇，带着孙东旭以及主播董宇辉、YOYO 等开始了第一场东方甄选直播，但效果并不令人满意。这样不温不火直播了快半年，2022 年 6 月 10 日，主播董宇辉在直播间的一段双语讲解产品视频在抖音引起极大关注——令人耳目一新的知识直播风格与其他直播间里的剧本与吼叫形成了强烈对比，因此引来无数网友驻足，自此东方甄选快速走红，短短三天就涨粉超 200 万人。

2022 年 6 月至 11 月，东方甄选商品交易总额（GMV）达到 48 亿元；而自首播以来的一年时间里，东方甄选账号从 1 个增加到 6 个，粉丝总量突破 3600 万人，并且推出超 50 款自营产品，总销售订单量累计超 1800 万单。凭借东方甄选直播带货，新东方峰回路转。2023 年 1 月 17 日，新东方在线发布 2022 年 6 月 1 日至 2022 年 11 月 30 日 2023 财年的中期业绩——6 个月总营收 20.8 亿元，同比增加 590.2%；来自持续经营业务公司拥有人应占期内溢利 5.85 亿元，而这一数字在前一年还是亏损 1.09 亿元。东方甄选的出圈走红，也引爆了新东方在线股价——自 2022 年 5 月 2.84 港元最低点以来的 8 个月中，该股已累计暴涨 2342%。2023 年 1 月 5 日，新东方在线公告称，董事会建议将公司双重外文名称由"新东方在线科技控股有限公司"更改为"东方甄选控股有限公司"。

回顾这一年的努力，俞敏洪说："不管 2022 年怎么变化，但 2022 年新东方还有 5 万多名员工，没有欠员工一分钱的工资，没有欠员工奖金，也没有更多的员工被新东方淘汰掉，而是进入了一个稳定的布局。"东方甄选销售额前 10 名的产品中有 9 款属于自营，意味着新东方已打造出属于自己的可以控制的渠道供应链。东方甄选直播矩阵也在展开。东方甄选之图书、东方甄选美丽生活等账号粉丝数陆续突破百万。

新东方的再次转型与东方甄选的爆发式成长，使得新东方原有的品牌、口碑、风格、目标人群等核心资源与直播电商这一巨大发展势头产生有机融合，俞敏洪也被看作中国企业家群体中的应势高手。但是，直播电商行业本身也会迅速变化，新东方未来的发展趋势更加值得关注。

7.5　典型案例——京东之刘强东造势[⊖]

1998 年，刚从中国人民大学社会学系毕业的刘强东用 1.2 万元在中关村租了一个小柜台，销售光磁产品，年销售额达上千万元。后来他开始代理其他 IT 产品并获全国独家代理权。2005 年开始，京东由线下向线上零售转型，逐步成为国内著名电商。

2022 年 4 月，京东集团宣布，刘强东卸任京东集团 CEO。京东方面称，刘强东将把更多精力投入公司长期战略设计、重大战略决策部署、年轻领军人才培养和乡村振兴事业。但是，刚刚过了半年多时间，2022 年末，刘强东复出，并开始造势活动。京东总部办公室墙上，写有"做实事、有价值的事、长期的事"的大红条幅随处可见。这句话是 2022 年 11 月下旬刘强东召集所有高管召开的管理培训会议主题。就在这次内部会议上，刘强东强势回归，强调"成本、效率、体验（产品、价格、服务）"的京东经营理念。全员被要求学习内部会议的完整视频，并迅速转化为行动。

刘强东回归在京东组织内部造就宣传、学习、行动之势，重点是推进京东新经营战略，并对京东的组织效率和战略焦点提出了新的要求。紧接

⊖　案例材料综合改编自：中欧国际工商学院 . 京东商城：360 度成长之路 [Z].2011；李艳艳 . 刘强东"回归"，京东的变与不变 [EB/OL]．（2023-01-19）[2023-08-08].http://www.iceo.com.cn/article/f08dc2ac-9fa4-46e4-b582-2bb681fd610b.

着，一系列组织调整动作在京东密集展开。不到两天，11月22日，刘强东发布全员内部信。信中表示要对员工和高管待遇进行"一升一降"——"升"旨在提高基层员工福利待遇，京东宣布将投入100亿元"住房保障基金"以及投入亿元扩充"员工救助基金"；"降"则是尽量减轻公司压力，自2023年1月1日起，京东集团部分高管的现金薪酬降低10%～20%不等。

2022年底，中国科技公司出现一把手集体反思，密集对组织进行变革的现象。这背后的原因是互联网快速扩张遇到困境——平台增长普遍趋缓，需要公司降本增效和寻求高质量增长。刘强东强势回归，就是希望把京东再次带上快速发展之路。在刘强东复出之前，其实京东内部调整已经持续了一年。2022年，京东整体盈利等表现高于行业水平，但未来增长压力依然很大。从幕后到台前，刘强东不得不强势"回归"京东，要求京东的管理层将业务增长的逻辑回归到核心。

2023年1月17日，京东发布新春贺信，表示三年来京东新增了28万名员工，公司员工规模超过54万人。京东表示，让为公司打拼的员工过上更有尊严的生活，优于商业的成功，只要条件允许，公司就要给他们最好的待遇，即使公司短期内会承受一些成本上的压力。2023年，也是京东创业的第20年，京东贺信称："几乎是从零起步，京东一次次地挑战不可能，又一次次地绝境逢生中突围出来，靠的不是什么高深理论，靠的就是对成本和效率的优化，打造最极致的产品、价格和服务。这条最简单的经营理念，也是全球商业几百年来优胜劣汰的原动力。"

随着一系列调整的落实，京东的业务核心逐渐变得更加清晰。其中，成本、效率、商品、价格、服务这五要素在京东再次被提到极其重要的位置。各部门2023年的规划都强调以用户为核心，这五要素均被放在了首要位置。此外，京东还推出了"春晓计划"——向个人商户、企业商户等不同类型的商家提供扶持，从简化规则、流量扶持、费用减免等方面出台

12 项扶持举措。加入计划的个人商户，可以几乎零成本地开设一家"京东小店"。企业商户也可同时享受到一系列降本增效扶持举措。

刘强东通过 2022 年末的造势活动，积极减少前期个人负面事件的影响，让自己经历了 4 年多沉寂之后重新回到聚光灯下，在京东发展关键时期，帮助京东回到核心价值上，积极为企业后续发展打下基础。

第8章

善抓机遇，敏捷转型

中华文化中，"机遇"作为哲学范畴，是古代思想家、哲学家、政治家探索的一个重要问题。《周易·系辞传下·第五章》指出，"君子见几而作，不俟终日"，意思是君子见到征兆就要开始行动，不能整日只默默等待。又有"机不可失，时不再来"的说法。因此，在中国历史中，不乏主张机遇哲学的思想家，而历史进程中对治国之策、作战之术的探讨都不断围绕如何发现机遇并加以利用与实践展开的。现代管理中的"善抓机遇，敏捷转型"的管理模式同样处处蕴藏着"机遇"的哲学。

新冠疫情、国际战争、经济危机，随着全球化进程加快，全球性事件所带来的冲击不断，企业所处的发展环境变幻莫测、风浪迭起。中国企业在市场浪潮中敏锐地观察环境，寻找契机，抓住变化中蕴藏的机遇，不断寻找新的增长点，从而外化为企业发展的引擎，内化为提升效率的助力，打造更适合当下时代环境的商业模式，不断推进企业成功。同时，科技变革所带来的技术能力快速迭代，一方面为企业提供了发展的机遇，另一方面向企业敏捷应对变化迅速转型的能力发起了挑战，企业只有顺利推进敏捷转型，才能更加高效地抓住时代的机遇。善抓机遇成为管理者必备的能力，敏捷转型成为企业终将面临的变革，企业需要从善抓机遇和敏捷转型两个方面构建自己的管理模式。

8.1 理解"善抓机遇，敏捷转型"

8.1.1 机遇的概念

我国古代对机遇的理解源自道家哲学，道家将"机"作为天地和万物存在的根据和变化的原因，以及人对于天地万物的变化关键的认识。古希腊哲学家亚里士多德把机遇定义为某些事物出于某种作用，符合某些目的的偶然事件。近现代机遇的概念最早在物理学中被提及，用来描述粒子与粒子碰撞的现象。社会科学中，往往将机遇和机会一并定义为一种偶然性的并能被认识和利用的契机。

从管理学的角度解释，机遇是发展的一种有利形势，它存在于企业生存发展的环境之中，由各个要素相互作用而形成，往往最终被某些事件触发。

西方管理学同样注重环境优劣势，以经典分析模型 PEST 模型为例，该模型指出对一切影响行业和企业宏观因素的分析可以从政治、经济、社会、技术这四大方面进行，此种方式旨在对外部环境因素进行分析，得出企业发展可利用的因素，即机遇。中国学者黄津孚曾在《机遇与机遇管理》一书中，参照西方管理学的经典模型对机遇按社会属性进行分类，分为政策机遇、市场机遇、经济机遇、科技机遇、生态环境机遇五类。[⊖]政

⊖ 黄津孚，中国人民大学经济学硕士，首都经济贸易大学教授、博士生导师，长期从事管理学理论和企业管理现代化的实践研究，先后为上百家国内大中型企业提供管理创新的咨询指导，公开发表大量论著，其中包括《机遇及机遇管理》等，在国内学术界和企业界有较大影响。

策机遇，例如双碳[⊖]政策的发布为制造业转型提供了机遇，并成为新能源产业的发展转折点；市场机遇，是指市场上存在未满足的隐形需求，例如Babyfirst抓住中国对汽车驾驶安全重视程度越来越高的机遇，满足中国对儿童安全座椅的需求；经济机遇，如经济结构调整对科技产业和智能制造带来的新风向；科技机遇，例如人工智能技术的蓬勃发展为各行业注入新活力，衍生出新型产业链；生态环境机遇，例如在生态治理的不断推进下，绿水青山对旅游业的促进机遇。

8.1.2 善抓机遇是什么

道家认为天地万物都有其发展规律和变化的契机，只要遵循天道顺势而为，就能乘风而起。可见善抓机遇对于管理者的重要性，它已成为管理者的必修课。其中，识别机遇以及捕捉机遇的系统化模型尤为关键。

1. 机遇的识别过程

识别机遇其实就是对有利形势出现的时间、地点做出判断，根据机遇的形成机制，可以将识别机遇系统化地分为四个步骤推进，即发现机会、适配分析、合作竞争分析、重新匹配。

- 发现机会。机遇是机会的子集，机遇蕴藏在机会之中，想要识别机遇要先从发现机会开始。
- 适配分析。只有有利的条件相互匹配才能产生合适的机遇。例如当市场的高需求和组织低下的效率不匹配时，就无法形成合适的机遇。因此，对企业各个要素进行耦合分析，发现不匹配的要素以及竞争优势是识别机遇的重要环节。
- 合作竞争分析。在市场细分程度逐渐提高的竞争中，企业不可能面

⊖ 双碳，即碳达峰与碳中和的简称。

面俱到，在识别机遇的过程中，放宽视野积极寻求合作是寻找机遇
的转折点。

- 重新匹配。经过上述三个环节的分析，如果企业仍未找到有利形
  势，则需进入对缺乏机遇原因的分析过程。机遇是客观环境和主观
  策略结合的产物，因此可以对各要素进行再匹配，对多个组合方案
  进行调整，以发现新的有利组合。

2. 有效捕捉并利用机遇的赛克斯模型

正如前文所说，抓住机遇能够为企业带来新的增长点，然而机遇
并不会从天而降，这需要管理者具有捕捉机遇的意识，对环境有精准的
判断等。为帮助管理者有效地捕捉机遇，黄津孚曾在《机遇与机遇管
理》一书中总结了有效捕捉机遇的系统化模型，共包含六个环节，意识
（Consciousness）、信息（Information）、知识（Knowledge）、企业家精神
（Entrepreneurship）、反应机制（Reaction）、安全措施（Security），简称为
塞克斯（CIKERS）模型（见图 8-1）。

- 意识。机遇客观存在于环境之中，但机遇只属于有心寻找它的人，时
  刻保持危机意识并具有敏感而专注的寻找意识是捕捉机遇的第一步。
- 信息。捕捉机遇需要根据环境进行判断，做出决策的前提是要有准
  确且充足的信息，知己知彼才能百战不殆。
- 知识。想要有效地捕捉机遇还需要广博的知识和丰富的经验，广博
  的知识能够帮助你纵观全局，而丰富的经验则是对机遇进行判断的
  基础。
- 企业家精神。捕捉机遇往往意味着成为探路人，面对充满不确定性
  的发展前景，果断、远见、坚持等企业家精神是推动机遇转换为实
  践的关键。
- 反应机制。一个企业是否能有效地利用机遇不仅仅依赖于管理层的

决策，落实到实践层面需要整个团队的参与，迅速的反应机制能够
有效地利用机遇，抓住风口，顺势而上。

- 安全措施。机遇总是与风险并存，提前预判，时刻关注潜在的风险
  并制定保障策略，才能为利用机遇保驾护航。

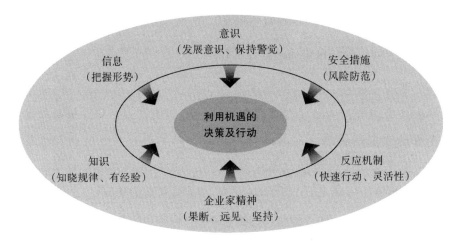

图 8-1　赛克斯（CIKERS）模型

8.1.3　敏捷转型是什么

首先，"转型"一词在《新华词典》中被解释为事物的结构形态、运
转模型和人们观念的根本性转变过程。不同转型主体的状态及其与客观环
境的适应程度，决定了转型内容和方向的多样性。[⊖]管理学中，转型大致
分为两类，即业务转型和组织转型。一个企业想要持续成长，最重要的就
是不断调整自己，改变自己；企业转型的动机往往是适应外部环境的变
化，如行业的衰落和新兴产业的诞生等因素；企业将旧的模式转变为适应
当前时代要求的新模式，外化体现为业务转型，如业务整合、战略转型、

⊖　刘伟. 从 0 到 1 开启敏捷转型之路 [J]. 项目管理评论，2021（5）：78-80.

商业模式的改变等；而企业转型更多的是为业务转型提供保障，往往是在业务转型的过程中持续发生的，逐渐迭代为更适配业务需求的管理模式，从科学管理到以人为本，从精益管理到敏捷转型，组织管理模式在技术变革的过程中也不断迭代升级，以顺应时代的需求，为企业高效运作提供内在动力。[⊖]

如前文所述，在 VUCA 时代背景下，转型是企业发展的关键决策，不仅要抓住环境中的机遇确认转型方向，转型方法和策略也至关重要。为应对迅速变化的外部环境，管理者参照软件开发中的敏捷精神对转型策略也做出了敏捷处理，以快速变动、组织结构自由为特征，因其灵活的工作方法和自由的文化特征被称为敏捷转型。

敏捷转型有三个阶段：实践敏捷（Doing Agile）、思想敏捷（Thinking Agile）和文化敏捷（Being Agile）。

- 实践敏捷。实践敏捷是敏捷转型的第一个阶段，有些人认为当敏捷体现在行为实践中并取得成果即为敏捷转型，而实际上实践敏捷和敏捷转型是全然不同的两个层次。实践敏捷是指在行为上采纳、应用敏捷思想的相关实践，如在管理上应用 Scrum 框架，在工程中应用持续集成、DevOps[⊖]等工具，在产品实践中使用用户画像、设计思维等方法。尽管带有敏捷底色的方法论逐渐渗透进日常行为中，但这一阶段思想和文化仍旧保持原样，而随着敏捷实践的逐步深入，必然会冲击原有的思想文化，如果思想和文化不向敏捷靠近，敏捷转型进程就会变得格外困难。

- 思想敏捷。2001 年发表的《敏捷软件开发宣言》（即《敏捷宣言》）中概括了敏捷所代表的价值观和所需遵守的原则，当团队理解这些

<hr/>

⊖　唐浩丹，蒋殿春. 数字并购与企业数字化转型：内涵、事实与经验 [J]. 经济学家，2021（4）：22-29.

⊖　DevOps（Development 和 Operations 的组合词）是一组过程、方法与系统的统称，用于促进开发、技术运营和质量保障部门之间的沟通、协作与整合。

原则并接受其中的价值观，按敏捷的价值观进行思考和行动，这说明团队初步具备了敏捷思想，进入敏捷转型的第二个阶段。

- 文化敏捷。当团队在思想敏捷阶段中养成了敏捷的习惯，敏捷的思考和行为方式成为团队运行的默认状态而非刻意所为时，即进入文化敏捷阶段。从实践敏捷到文化敏捷不是一蹴而就的，企业进行系统化敏捷转型，文化是重中之重，在现有的文化中产生碰撞摩擦并最终达到均衡是一个需要耐心的过程。

8.1.4 敏捷转型的重重阻碍

迈克·科恩（Mike Cohn）曾对敏捷转型做出一个生动的比喻，他将敏捷转型比喻成发射火箭的过程。火箭向上发射的动力来自引擎，而地心引力成为发射的阻力；而当火箭最终进入轨道后就可以摆脱地球的引力作用；如果火箭不能达到一定速度，失败是不可避免的。敏捷转型中，如果组织现有的文化、制度等与敏捷相悖，转型尚未进入正轨就随时可能被组织的阻力拉回地面。

想要顺利开展敏捷转型，就要对其中的阻碍有所了解并制定策略。2016 年《VersionOne 敏捷开发状态调查报告》中显示，企业敏捷转型所遇到最多的三大阻碍分别是：人们对变革的抵制、组织现有结构障碍、改变组织文化。如何克服这些阻碍，成为敏捷转型的关键。

- 人们对变革的抵制。推进敏捷转型对企业里的每个角色的工作方式都有很大的改变，属于侵入式变革。员工面对侵入式变革，习惯、新技能的学习和对未知的恐惧都会带来个体层面的抵制。尽可能调动员工参与变革的全过程，促进更多人理解变革的同时持续推进转型，与抵制力量共存，并制订针对性解决方案逐步减轻来自个体层面的阻力是多数企业的选择。

- 组织现有结构障碍。一些大型的等级分明的组织发现它们在实施敏捷方法的某些关键环节上面临困难，这些环节往往涉及分散决策权；要想顺利完成敏捷转型，以及在企业中全面实施敏捷方法，企业必须移除结构上的障碍。一个典型的例子是，领导者不仅承担产品开发的管理，同时还要关注人力等其他事宜，这就阻碍了敏捷开发团队的自主权，让领导者不能专注于开发最好的产品。解决方案通常是在组织中将研发管理和行政管理的职责明确分开。
- 改变组织文化。敏捷转型不仅要求企业要有明确的目标，还要求企业上下对达到目标状态所需的文化和思维方式的转变有着统一的理解。敏捷工作方式的成功实施要求管理层做出包括时间在内的极大投入，在设计目标运营模式的初期阶段，高级管理人员的参与以及整个过程中的领导力培训是获得管理层支持并促使领导力推动文化转变的关键。

8.2　机遇造就新生，敏捷应对变动

8.2.1　抓住机遇，寻找新的增长点，赋能组织内部，推动企业成功

"这是最好的时代，这是最坏的时代。"如今我们处于以易变、不确定、复杂、模糊为代表的 VUCA 时代，随着人类社会发展的各个方面逐步迈向全球化，危机的扩散和蝴蝶效应也逐渐凸显，新冠疫情、国际战争、气候变化等诸多全球性事件对全球经济、行业发展、市场布局都带来了颠覆性的改变。一方面这意味着周遭的风云变幻，另一方面也意味着转折重重，处处蕴含柳暗花明的契机。

古代中国的发展历程中，不乏风起云涌、变幻莫测的时代，而历史发展也验证了民间流传的"乱世出英雄""时势造英雄"的说法，历史上不论是治国还是军事上，管理者都对天时、地利、人和三要素格外重视，不

论是"卧薪尝胆，三千越甲可吞吴"，还是"陆逊营烧七百里"，善抓机遇
都是成功的必然要素。现代中国企业的管理者同样深谙机遇的重要性，不
论是互联网时代的兴起，还是双碳政策下的新能源浪潮，中国企业的管理
者都敏锐地察觉了机遇，拼多多抓住互联网时代下的数字农业机遇，打造
C2M（Customer to Manufacturer）供应链模式一举成为电商黑马；联想敏
锐捕捉双碳政策下制造业转型的机遇，打造零碳[⊖]制造理念，饱尝零碳红
利。善于捕捉机遇的管理者时刻关注环境变化，伺机而动，抓住风口，带
动企业发展一跃而上。风险往往与机遇并存，风云突起的国际形势和经济
变化的危机下也潜藏着机遇和新生的力量。在新冠病毒感染带来的实体经
济危机中数字化力量异军突起，全球气候危机对制造业排放的限制带来了
新能源市场的急速增长；此消彼长，危机是阳光下的阴影，企业要时刻留
意阳光的方向，及时控制阴影的大小，把握住汲取热量的机会，才能持续
向前迈进。善抓机遇，才能使企业找到阳光的方向，抓住机遇，为企业带
来新路途上新的增长点；多向发展应对时刻变换的太阳方向，增强企业的
抗风险能力，是稳步发展，扎根成长的基础。

当企业抓住外部机遇并成功推进时，会带来新的业务增长、外部合作
并拓展业务层面和客户范围，不仅能够推动企业发展，同时能够赋能组织
内部，一方面扩展员工技术范围、增进员工业务能力，另一方面促使组织
内部审视组织优劣势，补齐短板，发挥优势，优化组织结构和流程效率，
从而推动企业成功，焕发新生。

8.2.2　敏捷转型，优化内部组织，适应外部环境，推动企业成功

《三国志·魏书·郭嘉传》中第一次出现"兵贵神速"这一说法，行军
作战拥有速度优势可以出其不意、攻其不备，优先抢占战略高地，打对手

⊖　零碳，意思是是通过计算温室气体（主要是二氧化碳）排放，设计方案抵减"碳足迹"、
减少碳排放，达到"零碳"，即碳的零排放。

一个措手不及。旷日持久的作战会损耗装备，挫伤士气，错失良机。同样，在现代企业管理中，抓住机遇实践转型时，速度和时机也是关键因素，敏捷灵活的转型能够快速应对变化抓住机遇，领先于行业。阿里巴巴作为互联网巨头，保持着在每一个市场节点后调整业务策略的传统，其一直保持在人和组织架构上灵活调整、迅速执行的优势，在互联网大环境和各企业频繁复盘调整中频频抓住机遇处于领先地位，所依靠的就是其敏捷转型的能力。

敏捷最初作为软件开发的一种灵活工作规则出现在管理人员的视野中，敏捷代表着快速迭代、注重沟通的工作模式，意味着要跳出传统的框架走向人员灵活、环境灵活、思想灵活。"没有一个时代像现在这样，变化如此之快，转型升级已不再是选择，而是必须。在这个飞快向前的时代，每个人、每个组织只有超越外部变化的速度，才有可能在这个时代致胜未来。"拉姆·查兰的这段话生动诠释了敏捷转型的必要性。在如今这个技术不断更迭瞬息万变的时代，快速调整的能力成为必需品，一旦企业无法快速适应环境的变化，势必面临被淘汰的结局，而拥有敏捷的能力就会成为极大的竞争优势。因此，各大企业都开始逐步尝试从传统到敏捷的过渡，从敏捷目标管理到敏捷工具，从敏捷价值观到敏捷团队，各大企业正在走向万物皆敏捷的"敏捷时代"。

敏捷转型始于内部，从行为、思想再到文化的敏捷，逐步提升组织的敏捷性，提高适应外部变化的能力，使得组织不论是面对危机带来的动荡还是机遇下的转变都能够沉着应对，高效运作，如此才能在狂澜中站稳脚跟，在风浪中稳抓机遇。敏捷转型不仅仅是组织结构和工作模式的变化，更意味着一家企业前行方向的转变和前行动力的增强。敏捷的工作方法能够提升团队的交付能力，敏捷的思想文化能够促进团队的技术迭代，以此提升企业价值，推进企业战略，最终走向成功。

8.3 典型案例——逆势增长，迎风翻盘：伽蓝集团⊖完成从 0 到 1 的数字化转型

伽蓝集团是一家数字化驱动的生物科技美妆公司，集研发、生产、销售、服务于一体的中国化妆品领军企业，先后创立了中国原创美妆品牌美素、自然堂等。我国的化妆品市场目前是仅次于美国的全球第二大市场，根据国家统计局数据显示，2021 年中国化妆品类零售总额达到 4026 亿元，同比增长约 18.4%，中国美妆市场可以说正处于快速增长阶段。国际品牌主导市场，国内新生品牌层出不穷，行业竞争压力巨大；新冠疫情三年对化妆品零售企业运营产生巨大的负面冲击。面对复杂多变的发展环境，伽蓝集团在逆境中成长，判断环境机遇，适时调整策略，完成数字化转型，业务规模不断增长，绝处求生。2022 年，伽蓝集团荣获"中国管理模式创新奖"，成为转危为机、逆势前行的企业标杆。而这大多得益于伽蓝集团董事长郑春颖自 2018 年起对数字化转型的决心。

1. 寻求机遇，坚决开展数据中台建设

在 2018 年 12 月的阿里巴巴 ONE 商业大会上，郑春颖对打造伽蓝集团数据中台的想法就已开始酝酿，当时的美妆行业尚无数字化转型的案例，想要落实这个想法，意味着伽蓝集团将成为数字化的探路人，当中便会涉及极大的环境风险和较多的沉没成本，可伽蓝集团的态度依然坚决。这样坚定的决心背后，是伽蓝集团对自身发展痛点的明确分析以及对行业发展趋势的精准判断。

2018 年的伽蓝集团随着规模不断增长，原本相对独立的系统分布形式在一定程度上增加了维护成本，且因数据指标不统一、数据处理过程不

⊖ 2024 年 1 月 16 日，伽蓝集团发布公告，决定由"伽蓝（集团）股份有限公司"正式更名为"上海自然堂集团有限公司"。

透明等原因，在一定程度上阻碍了跨业务协同效率的提升。此外，聚焦员工层面，数据从收集整理到分析利用的各个环节中，对员工的业务能力和技能水平都有较高要求，对真正需要数据结果开展业务的一线员工来说，在取得数据使用权限的基础上，还需要整套可视化数据处理工具，以提升数据处理效率。

基于已有的海量数据资源和市场竞争带来的降低成本和提升消费者服务体验的需求，伽蓝集团全面数字化转型的时机逐渐成熟，竞争环境所带来的挑战和机遇并存，顺势而为，伽蓝集团转型决心更加坚决。2019 年，伽蓝集团在董事长郑春颖的带领下，正式发布未来发展的两大战略——产品科技和数字科技。

2. 统一供应链平台，打造"一盘货"新模式

美妆行业，传统"多盘货"模式效率症结重重。问题之一就是多个渠道并行，导致周期漫长。早期的品牌活动执行中，包括提前宣传贯彻、培训、备货、发货等环节，周期漫长，甚至有可能要耗费数月的时间，传统模式下的效益与线上电商相去甚远。电商可能只需要几周，甚至可以随时做这件事。此外，传统的长链条经销模式，以地域和代理商形成了天然的隔阂，使得各方之间无法互联互通，不仅影响周转速度，还导致压货、窜货等现象横生。郑春颖很快瞄准了突破口。他曾提到，"在数字化时代，消费者的行为都已经数字化了，如果为消费者提供产品和服务的企业不数字化，必然被消费者淘汰"。

随着数字化浪潮席卷并重构整个美妆行业，2020 年 7 月，伽蓝集团正式启动了"一盘货"模式，成为中国化妆品行业"第一个吃螃蟹的人"。所谓"一盘货"模式即：将伽蓝集团和代理商的货品统一入分仓，由第三方物流商进行日常管理，代理商按经销商的订货需求在"一盘货"下单，也可以由经销商直接下单，物流商接单后配送至经销商门店。通过"一盘

货"模式，可实现线上线下渠道间的库存数据打通，伽蓝集团与代理商之间数据透明、灵活调配、业务快速准确处理。

在伽蓝集团近 2 年的数字化转型中，"一盘货"起到了支撑性的作用。伽蓝集团在全国设有 12 个分仓，在一开始的业务中，B 和 C 分开的。"B、C 分离会降低整个库存周转使用的效率，在'一盘货'系统上线之后，经过半年多的实际业务运营，我们发现以前我们预想到的一些问题其实仍旧存在。"伽蓝集团大数据中心总经理罗予晋表示。2022 年起，伽蓝集团开始做 B、C 合仓。这不仅仅是将货放在一起，拣货各自分离，而是一种新的模式，带来仓储的变化，从而降低库存，提升履约率。这些都是在"一盘货"的平台中实现。郑春颖曾在自然堂"一盘货"武汉仓启动时提到，伽蓝集团之所以要做"一盘货"，目的不是降低成本。事实上，"一盘货"甚至会导致物流成本和资金成本的上升，"一盘货"真正的价值主要体现在以下四个方面：

1）提高库存利用率。让所有库存商品最大化利用，不错过任何一个销售机会。"一盘货"的优势在于，可以让库存池时刻为所有渠道准备着，而不是被固定在单一的渠道，错失销售机会。

2）提高配送效率，节约配送成本。12 个分仓里有很多的优化模型，不同的订单、配送方式相结合。通过订单路由功能，按照系统设定的自动化的拆单配送规则，将离消费者最近的商品发给消费者，可以有效节约成本，提高配送效率。

3）动态优化柔性供应链。从"一盘货"的角度复盘销售和订单数据，更能精准掌握不同商品的销售规律和不同渠道、不同地区的消费者的购买习惯，持续优化库存策略和指导柔性供应链。

4）一店一策差异化经营。"一盘货"是整体面向销售交付的，因此，伽蓝集团把销售的政策也放在一盘货里面，做到了一店一策差异化经营，由此线下业务的运转就具备了线上的灵活性和速度。

3.联手杉数科技，提高计划敏捷性

2022 年 8 月，伽蓝集团携手杉数科技打造的智慧供应链计划平台正式上线。伽蓝集团副总裁李敏表示，伽蓝集团从最初的营销数字化，到数据中台建设，再到"一盘货"模式，随着数字化转型在企业的深入推进，以及业务模式复杂度的不断提升，伽蓝集团对供应链系统的要求也越来越高，打造一个更加柔性、敏捷、稳固，且能够做好业务保障的供应链计划平台就变成一种必然。杉数科技从全局思维规划端到端供应链整体蓝图，通过对伽蓝集团业务场景深入理解和分析，结合伽蓝集团未来发展战略要求，考虑诸多执行条件约束进行科学决策，实现伽蓝集团全品牌需求计划、供应计划、仓储计划的自动化和智能化，切实提升企业运营体系决策效率和质量。

依托该智慧供应链计划平台，伽蓝集团实现了全链路需求预测在线协同及补货计划智能化，并能够针对差异化补货场景模拟仿真结果快速做出分仓补货决策。伽蓝集团如今从前线到后方，从供应到零售，数字化已经贯穿经营管理全链路。

8.4　典型案例——数字化"双碳"，施耐德如何实现"双转型"

1.拥抱能源变革，让创新来到"敏捷时代"

2020 年 9 月，中国明确提出 2030 年"碳达峰"与 2060 年"碳中和"目标。

能源行业是推进能源绿色低碳发展的主战场、主阵地，能源行业转型升级是实现"双碳"目标的重要路径和必然选择。随着"双碳"目标步入实践阶段，企业面临着能源转型、数字化转型、智能化升级、高质量发展、可持续发展等多重挑战。

施耐德作为全球能源管理和自动化领域的数字化转型专家，致力于推动产业数字化转型。通过集成世界领先的工艺和能源管理技术，从终端到云的互联互通产品、控制、软件和服务，贯穿业务全生命周期，实现整合的企业级管理。同时，施耐德也是全球最早践行可持续发展战略的企业之一，多年来不仅将可持续融入自身业务的方方面面，打造了覆盖绿色设计、绿色采购、绿色生产、绿色运输、绿色运维的端到端绿色供应链，更是通过建立包容试错的文化、灵活的组织架构，培养数字化人才以及生态伙伴赋能等方式，全面高效地推进可持续。

施耐德在数字化浪潮下拥抱变革，稳定发展，创新是重要的持续推动力，其中最为重要的是软硬协同创新。在数字技术高速革新，创新场景不断涌现的当下，软硬件协同创新正以螺旋式上升的发展趋势齐头并进。施耐德电气始终致力于推动技术与场景的深度融合，将"技术"产业化、"场景"固定化，依托软硬件底层创新，加速从实验室创新到落地场景部署，为客户提供持续强劲的数字化动力。

数字化浪潮不断推进，双碳实践逐步深入，在快速变化的市场条件下，企业作为创新的主体，需要提升快速应对市场变化的能力，敏捷转型是重中之重。施耐德能源管理低压业务中国研发副总裁高深表示，"敏捷是基于价值驱动的交付，关键是能快速响应变化，即在客户需求快速变化的环境中，通过'小步快跑'来实现价值"。

2. 数字化转型之文化先行

只有当管理层和一线员工共同运用好数字化工具，才能真正为企业创造价值，而促进员工拥抱数字化，拥抱转型，鼓励创新、鼓励试错、鼓励学习的文化至关重要。

企业可从项目组织形式、团队文化与能力、客户互动三个方面展开实践。首先是项目组织形式，同一个项目团队需要提供从立项到开发，从产品发布到维护，再到退市的端到端全生命周期服务，以加强团队对产品的责任感。其次，在团队文化与能力方面，"敏捷"对快速决策提出极高要求，这意味着需要对项目团队进行充分授权，并对项目人员的决策能力提出更高要求。最后，关于客户互动，整个周期过程中，需要与客户保持及时沟通，不断获取客户最新反馈，抓住客户真正的痛点，及时更新迭代，保证最终产品完美贴合客户当下需求。

在敏捷践行的过程中，施耐德对敏捷所带来的效益深有体会。敏捷让整个流程更加迅速、更加高效、更加透明。决策链条的缩短，使一线人员在听到"炮火"声音后，能够直接迅速进行决策；在研发过程中，依据客户需求进行优先级排序，真正体现"以客户需求为中心"的价值导向；与此同时，在"敏捷"项目下，所有的信息公开透明，团队成员的工作职责和交付成果都变得清晰可见，营造了更加积极的团队氛围。

然而，由于敏捷创新源于软件开发，很多人认为敏捷创新并不适合传统企业或硬件项目。施耐德的践行观点是，敏捷实践拥有自身的理念与思维，即一场"守—破—离"的进阶之路。经过适配后，敏捷创新同样适用于硬件项目，需要在项目周期及产品颗粒度切割等方面，基于实际产品和技术情况进行适配，并充分考虑后期迭代需求，进而实现投入产出效益最大化。敏捷创新的最关键一环是要考虑客户价值，始终以客户需求为导向，因此，虽然敏捷项目的推进更快，却需要投入更多的时间和资源，帮助客户创造真正的价值。

创新是实现经济发展、推进能源转型的核心驱动力。面对不断变化的市场环境，施耐德勇敢地敞开心扉，敏捷践行，拥抱能源新时代。

3. 敏捷共创，让 HR 人员成为数字化产品的设计师

敏捷共创是施耐德全面深化人力资源数字化的重要策略，即让 HR 人员成为产品经理，从想法到产品搭建，再到落地推广，全面深入参与到数

字化产品打造的过程中，进而让数字化产品在组织中全面开花。数字化转型是一场"目光向内"的变革，会遭遇来自观念、组织和人才等各方面的挑战。施耐德人力资源数字化转型可以追溯到 2009 年，至今，已有 14 年的发展历程。14 年的历程可被划分为以下 4 个阶段：

1）第一阶段（2009～2012 年）：初期探索。全球总部统一上线 Core HR 主系统，包括核心人事（员工个人数据、岗位信息等）主数据库，以及国内 SAP payroll 系统（如薪资计算、付给、所得税计算、社保福利计算和扣减）等。

2）第二阶段（2012～2015 年）：全面上云。在此阶段，主系统全面上云，即全面应用云计算，这一举措以集团集中采购国外产品为主。相比之前的本地部署，云系统上线速度大大加快，在这一阶段，人力资源数字化转型以两倍的速度在发展。

3）第三阶段（2015～2020 年）：数智造势。这一阶段，施耐德已迈过数字化探索阶段，在此期间，从社会整体面来看，人力资源数字化转型的热度逐步升高。受外部环境影响，施耐德在此阶段部署了大量短平快的项目，为数字化转型营造声势，这些项目成败对整体架构不会产生重大影响，而一旦项目成功则会大大增强人力资源数字化的影响力。

4）第四阶段（2020 年至今）：全面深化。疫情暴发让人力资源数字化需求爆发性增长，施耐德数字化转型也逐渐进入全面深化阶段。在这一阶段，短平快的项目逐渐退场，施耐德开始采取更具战略意义的行动，主要包括本土云部署、数据中台建设、敏捷共创等三个部分。

在前三个转型阶段，施耐德已搭建好人力资源数字化转型的基本架构逻辑和主项目，"树干"已经成形，在全面深入阶段，施耐德需要做的是让"叶子"自发、高效、节省能量地自然生长。敏捷共创意味着：HR 需要提出数字化转型需求，同时需要与 HRIT（人力资源信息技术，Human Resource Information Technology）一同完成数字化产品的搭建和推广运用，通过 HR 自身的力量和创造性，让数字化微创新在 HR 的努力下四处开花。

敏捷共创能够在施耐德顺利落地，且得到各方利益相关者的支持与认可，这与施耐德数字化转型的历史积累、管理基础、组织架构设计，以及员工状态都紧密相关。

首先，施耐德具备坚实的数字化基础，历经 14 年的转型，施耐德已经不仅完成 HR 数字化转型的底层逻辑和主体架构搭建，而且基础扎实。可以说，施耐德 HR 团队已经长成了一棵干枝分明的大树，且牢牢扎根于土壤，在架构和流程的牵引下，HR 人员更易被启发和思考其他需求，让大树枝繁叶茂。

其次，组织设计方面，施耐德让 HR 和 IT 突破部门墙、相互融合。有别于其他企业，在施耐德，HRIT 是 HR 部门的一部分，专门为 HR 数字化转型提供服务，IT 部门也设置了 ITBP for HR，其隶属于 IT 部门，以 IT 业务发展的视角而非技术方案视角，专门对接 HR 部门的需求。在相互融合的组织模式中，HR 和 IT 部门如同两辆车，如果想让两辆车一起跑，则需要将两辆车连接，连接的必要条件就是两辆车都有挂钩。HRIT 便是 HR 部门的挂钩，ITBP 则是 IT 部门的挂钩。在这种组织架构和合作模式下，IT 与 HR 都会少一些本位主义，多一些理解，为敏捷共创奠定了重要的合作基础。

最后，员工的多元化也为敏捷共创项目提供了不可或缺的人才要素。随着更多年轻人加入企业，"95 后""00 后"等数字化原住民让企业更加丰富多元的同时，也丰富了 HR 的技能和知识基础。新生代员工在数字化方面的兴趣和实践积累，减少了敏捷共创的技术壁垒。加上培训和辅导，以及更简单的工具，他们有能力推动敏捷共创。

参照中华文化中对环境机遇的重视，企业发展节点离不开对环境因素的洞察，机遇是一种特殊的资源，要善于发现、善抓机遇，还要敢于抓住机遇。机遇就像是大海中的巨浪，要善于判断什么时候会有巨浪出现，在合适的时机抓住它，才能让我们实现真正的转型。

此外，敏捷转型并不是简单地调整企业组织结构，它是一个系统工程，需要通过对组织结构、人员结构、管理流程和业务流程等方面进行调整与优化，以促进企业的转型。企业的敏捷转型是一个长期而艰难的过程，需要持续不断地探索和实践。但只要我们能够不断地抓住机遇，在正确的时间做出正确的决策，就一定会成功。

第9章

创新赋能，战略韧性

古有"变动不居，周流六虚"的哲学思想，今有"组织变革与管理创新"的企业发展大势，无论中国传统哲学，还是现代管理科学，我们都达成了一个共识，即"变化带来万象更新"。正是因为万物是永恒变化的，人和事才能持续地发展进步。但与古时不同的地方在于，当今时代的变化更加"暗潮汹涌"，国际环境复杂严峻，市场竞争日趋激烈，同时，数字化浪潮正在席卷全球，各行各业加速推进转型升级。越来越多的企业为抢占市场机遇，在企业经营发展过程中持续深入创新，锻造高韧性企业的发展模式，从而去对抗不确定性带来的风险，使企业在复杂多变的市场环境中获得增长的契机，助力企业制胜数字化时代。我们在中西兼容"管理哲学"的基础之上，结合当前的时代背景，从"创新赋能"与"战略韧性"两个角度来探究当今中国企业的管理实践新标识。

9.1 "创新赋能，战略韧性"的时代背景

9.1.1 "创新赋能，战略韧性"是企业应对外部环境动荡的必经之路

1. 当今时代是 VUCA 常态化的时代

无论你愿不愿意，争端就在那里。我们正处在这样一个时代——VUCA 时代。由于我们面临的经济环境越来越复杂，技术革新可以瞬间颠覆一个行业，企业开始逐渐无法确定自己未来的竞争对手是谁。于是，VUCA 一词逐渐流行。这一概念最初是 20 世纪 90 年代美国军方提出的，后来慢慢发展成为制定公司战略的框架，现在被各种组织广泛使用。因此，我们可以从这一角度来思考为何当今企业需要不断进行创新，提高企业的战略韧性。

人们常说"唯有变化，才是不变的事实"，面对这样一个易变、不确定、复杂且模糊的环境，企业需要具备快速感知和应对变化的能力才能保持常青，而唯有快速学习与引领创新，才能有超前的知识与技术储备去应对变化。因此，选择创新赋能，就是选择为企业不断注入活力，开辟新的发展道路；同时，相对稳定的环境是企业保持高质量发展的基础与前提，而在外部环境越来越动荡的现状下，不断提升战略韧性才能够保持企业发展的柔性，使企业在面临外部动荡时，依然能够保持内部的稳定和谐。

2. 当今时代是 ABCD 数智化的时代

随着 IT 技术的飞速发展，近年来数字经济迅猛崛起，日益融入经济社会发展的各领域，正在成为重组全球要素资源、重塑全球经济结构、改变全球竞争格局的关键力量。由人工智能（Artificial Intelligence）、区块链（Block Chain）、云计算（Cloud）、大数据（Big Data）所组成的 ABCD 时代已成为新的科技风口。要理解 ABCD 时代，我们先来看"数智化"这

个概念。数智化即"数字化＋智能化"，即通过构建数据思维，实现万物互联，采集大量的数据，在此基础上加入人工智能的算法或运用数字管理智慧，发现问题并找到解决方法。[⊖]因此，数智化时代是以 ABCD 为依托的时代，数智化时代的发展离不开算法（人工智能）、算力（云计算）和各类相应的基础设施（如 5G）等关键要素的支撑。

在 ABCD 时代之下，新的业态和模式不断被催生，企业将面临多方压力，稍一停滞就极有可能被新生力量所取代。为了保持竞争力，企业必须进行战略调整，积极利用数字化创新为自身赋能，重塑商业模型与业务流程，优化客户体验，拓展自身价值，从根本上提升自身的核心竞争力，从而在 ABCD 时代中立于不败之地。

9.1.2 "创新赋能，战略韧性"是激活企业内在活力的重要法宝

当今企业时刻都面临着外部环境剧变所带来的威胁，那么必然地，企业内部原有的规则与程序也很可能将不再适用。因为工业时代组织的功能主要是管控，而在数字化时代，组织需要持续的创造力以应对市场的不确定性，而人是企业内部最重要的资源，组织管理中最核心的价值就是我们如何去赋能和激活人的智慧与才能。特别是在如今，知识已经成为经济发展中的重要推动力量。因此，为了适应知识经济带来的挑战，企业就必须进行组织上的变革与创新，从而为创新活动提供结构与制度保障。

当不确定性越来越强时，企业就需要加强自身的敏捷度和韧性，进而就要放松对人的控制。正如哈佛商学院的罗莎贝斯·莫斯·坎特所说的，将权力向下延伸是非常有必要的，因为世界上很多事情的干扰性越来越强，"意外"的事情越来越多，变革的需求也越来越强烈，各家企业更紧

⊖ 徐飞.徐飞：数智时代的创新创业再教育 [EB/OL].（2023-02-09）[2023-08-08].https://m.nbd.com.cn/articles/2023-02-07/2658755.html.

密地依赖员工去做决定，由此我们会发现，很多事情出现后，并不存在应对这些事情的常规方式。[⊖]

因此，在数智化时代，企业要着力打造赋能型组织，即给予员工更多的自主性，充分让员工参与经营管理，增强弹性，成为一个更灵活的组织。当员工能够去挑战自己所设定的经营目标时，才会自发地去创新和创造，提高组织的创新能力，从而使企业形成一个良性向上的循环。

9.2　"创新"与"韧性"的传统思想基础

《周易》中有这样一句话："《易》，穷则变，变则通，通则久。"《礼记·大学》说"汤之盘铭曰：'苟日新，日日新，又日新。'"。前者是说：事物发展到了极点，就要发生变化，才会使事物的发展不受阻塞，事物才能不断发展。后者意思是，如果能够一天新，就应保持天天新，新了还要更新。可见，中华民族从古至今是一个富有创新与韧性精神的民族。创新意味着打破原有的内容，推陈出新；韧性基本义为变形但不折断，顽强持久。中华文化中也处处都蕴含着"变通发展""坚韧不拔"的精神力量。

例如，《周易》讲的正是"变化"。《周易·系辞》云："《易》之为书也，不可远，为道也屡迁，变动不居，周流六虚，上下无常，刚柔相易，不可为典要，唯变所适。"意思是说，《周易》这部书不可不读，因为它是讲客观规律的，但这些规律的表现形式不是固定不变的，因此想要把握住规律，就要因时因地因情况而变。《周易》所透露出的哲学思想，即变化是宇宙的根本精神，运动是宇宙万物永恒的本质。《周易·杂卦传》有言："《革》，去故也。《鼎》，取新也。""革"，指的就是"变革"，不破不立，唯有铲除旧的才能建立新的；而"鼎"，是用来承接"革"的结果的，因此意为"更新"。众所周知，"革故鼎新"的思想也一直被我们沿用至今。

⊖　高松，陈晖.赋能团队：应对 VUCA 时代的自我驱动型组织 [J]. 中欧商业评论,2020（7）: 7.

再例如，历史上常提及的"变法"，正是中国古代政治管理创新思想的彰显。战国时期的商鞅变法，可谓是中国历史上最有影响力的政治创新案例之一。商鞅曾在《商君书·更法》中提到："治世不一道，便国不必法古，汤、武之王也，不循古而兴。殷、夏之灭也，不易礼而亡。然则反古者未必可非，循礼者未足多是也。"他认为，社会制度应随着客观社会环境的发展而不断更新，不可因循守旧，否则就很难实现对于国家的统治。因此，他主张实施变法，使秦国经济得到了发展，军队战斗力不断加强，成为战国后期最富强的集权国家。古代中国军事管理中也蕴含着丰富的"创新"思想。《孙子兵法》中就体现了很多军事创新内容，如："战势不过奇正，奇正之变，不可胜穷也。奇正相生，如循环之无端，孰能穷之？"战争的态势是出乎不定、变化无穷的，很难提前掌握，因此要想取得作战的胜利，就要用"奇招"，孙膑围魏救赵、韩信"明修栈道，暗度陈仓"、诸葛亮唱空城计，这些都算是创新思想在军事领域的成功运用。[⊖]

除了思想创新之外，古代中国科技器物创新的历史也可以追溯到商代、西周时期，后不断发展至明清时期。除造纸术、指南针、火药和活字印刷术这标志性的四大发明之外，明代技术家宋应星所著的《天工开物》也蕴含着丰富的创新思想。在介绍各种工艺技术和器物的时候，它不仅记录了中国古代的发明和创造，还融合了外来文化和技术，如波斯、阿拉伯、印度等地的文化和技术，体现了开放、实用、科学和实践的创新思想，对于推动中国古代的科技进步和文化发展具有重要的历史意义。

在韧性方面，最有代表性的莫属道家思想了。《道德经》有言："天下之至柔，驰骋天下之至坚。无有入无间，吾是以知无为之有益。不言之教，无为之益，天下希及之。"天下最为柔顺的东西，是水，水能够在天下最为坚硬的东西那里自由自在地活动。道家思想认为，柔弱的事物具有

⊖　任俊华，王奕琳.中国传统文化中的创新元素 [J].南昌航空大学学报（社会科学版），2011，13（4）：11-17.

更强的韧性，更能够抵御外部的压力和变化，所谓"柔弱胜刚强""四两拨千斤"。这是一种深邃奥妙的哲学理念，体现了中华传统思想中"韧"的精神，其中蕴藏着强大的自我恢复和更新能力，呈现出变通的智慧和顽强的活力，从而安然渡过历史长河中各种各样的困境，生生不息，绵延不绝，历经一次又一次的灾难和变革而延续至今。

由此，创新与韧性其实一直贯穿于中华民族发展的始终，而归纳以上传统文化中有关"创新"的哲学思想，我们可以发现，无论是在政治还是社会或军事领域，往往都是由于环境发生了变化，为了适应这种外部变化才需要推陈出新，打造出一个具有韧性的组织、军队，甚至是国家政治机构。那么相应地，推移到现代社会的企业环境中，创新必然是企业所要长期坚持和推崇的。

9.3 "创新赋能，战略韧性"的核心内容要素

9.3.1 创新赋能的概念

首先，"创新"二字已是当前数智化社会下的热词，政府要建设创新型国家，企业要通过创新增强核心竞争力，个体也被鼓励不断创新以适应这个快速变化的社会。1912 年美国经济学家熊彼特在其著作《经济发展理论》一书中，提出了关于创新的概念。他认为，"创新"就是把生产要素和生产条件的新组合引入生产体系，即"建立一种新的生产函数"，其目的是获取潜在的利润。后来，沿着熊彼特的创新思想，关于"创新"在企业管理中的研究逐渐细化为了两大分支：技术创新和管理创新。技术创新是企业或组织在技术、工艺、产品等"硬件"内容的创新；而管理创新是新组织、新商业经营模式和新服务水平等"软件"内容的创新。⊖技术

⊖ 荆树伟，牛占文.企业管理创新的概念及内容界定 [J]. 中国管理科学，2014，22（S1）：654-658.

创新和管理创新共同构成了企业创新体系的核心内容，对企业而言，二者相辅相成、缺一不可。

其次，从字面意思来理解"赋能"，就是给谁赋予某种能量，通俗来讲可以理解为：你本身不能，但我使你能，旨在通过言行、态度、环境的改变给予他人正能量。最早的"赋能"概念来源于人力资源管理中的"授权赋能"（Empowerment），指授予企业员工额外的权利。⊖随着数智化时代的发展，赋能的概念逐渐细化和分解为两个方向：一方面侧重于研究赋能的对象；另一方面侧重于研究赋能的方式。第一，企业赋能的对象为内部员工和外部顾客：赋能员工是通过给予员工自主权，激发个人潜力，同时通过互联网技术提高员工之间相互沟通的效率和工作所需信息的即时获取速度，从而推动复杂情境下跨职能业务流程的改进和决策制定；顾客赋能则是通过互联网平台使顾客充分表达个人需求和参与需求满足的过程，从而实现与企业的价值共创。第二，在数字经济时代，数据已成为驱动创新的基本要素，因此企业赋能的方式主要是利用数据和数字化手段：创新数据的运用场景及技能和方法，并通过数据要素与传统要素的组合重配、模式重构和网络粘连等实现价值共创。⊖

归纳相关论述可以将"创新赋能"定义为：通过创新活动，为企业和组织注入新的动能，从而提高其核心竞争力和环境应变能力。具体包括以下三个方面：①技术创新：通过技术创新，提高产品、服务的质量和效率，拓展市场和增加收益的同时，能及时应对行业技术更迭。②管理创新：通过管理创新，提高组织的运转效率和灵活性，增强组织的创新能力和适应能力，能及时应对组织结构变革的挑战。③人才创新：通过人才创新，优化人才队伍结构，培养和吸引有创新精神和创新能力的人才，促进创新成

⊖ EYLON D. Understanding empowerment and resolving its paradox: lessons from mary parker follett[J]. Journal of Management History,1998,4(1).

⊖ 孙新波，苏钟海. 数据赋能驱动制造业企业实现敏捷制造案例研究 [J]. 管理科学，2018，31（5）：117-130.

果的转化和应用。

　　创新和赋能是相互作用的过程。赋能为创新提供必要的支持和保障，包括提供资源、提升能力、激发潜能、搭建平台等，以推动创新的发展和实现创新的价值。具体而言，从赋能对象的角度来看，员工的创新行为是构成组织创新的主要来源，而赋能强调了给予员工更多的决策权和选择机会，从而使得员工从工作中感知到了自我价值，增强其内在创新工作的动机，进一步促使其创新行为的发生。从赋能方式的角度来看，当前数字经济给予了企业更丰富的创新手段：在创新方式上，数据要素一方面在供给侧影响企业生产组织、资源配置和供应方式，促使制造技术的智能化转变，另一方面在需求侧聚焦用户价值，促使交易便利化、体验场景化和交互动态化，促进商业模式调整；在创新模式上，数字化触及技术发现和价值链接多个环节，从而以代际开发实现企业的迭代创新。[⊖]反过来，创新则是指在现有的资源、能力、平台等基础上，不断进行创造性的思考和实践，开发新的产品、服务、技术、商业模式等，以满足市场的需求和提高企业的竞争力。

　　因此，赋能和创新是相辅相成、相互促进的过程，需要同时进行。企业需要在提供必要的赋能支持的同时，积极开展创新活动，不断推出符合市场需求的新产品、服务和技术，提高自身的创新能力和竞争优势。

9.3.2　战略韧性的内涵

　　"韧性"（Resilience）一词起源于拉丁文"Resilio"，意为恢复到初始的状态。从物理学概念上来讲，当物体在受到外力作用时产生变形而不易折断的性质，就是韧性。韧性越好，发生脆性断裂的可能性就越小，对折

⊖　刘启雷，张媛，雷雨嫣，等.数字化赋能企业创新的过程、逻辑及机制研究[J].科学学研究，2022，40（1）：150-159.

断的抵抗能力也相应越强。从心理学概念上来讲，韧性是成功适应逆境的动态过程，多用于形容人们顽强持久的精神。例如我们经常会说，工作任务越艰巨，就越需要韧性；越是在困难的情况下，越能感受到韧性的重要性和巨大能量。

随着其内涵和外延的不断丰富，"韧性"这一概念现已被广泛应用于商业体系中的行业和战略等细分领域，在 IDC、Gartner、埃森哲等知名市场分析机构探索企业发展新路径的分享中，韧性成为一个共同的话题，有关"组织韧性"和"战略韧性"的研究也日益丰富。从管理学概念的角度上来讲，"韧性"是指企业不断适应内外部变化，并根据变化及时调整的能力，这种能力可以帮助组织在意外的，甚至是灾难性的和更广义的动荡环境中，通过内部的柔性调整，得以生存、适应、恢复乃至繁荣发展。[⊖]具有高韧性的企业可以更快地识别到危机的早期信号并做出反应，避免、抵御和缓冲不利事件的冲击，在逆境中快速恢复和反弹甚至促进未来发展。因此我们可以将一个具有战略韧性的企业归结为具有三个方面的能力：抗风险能力、抗打击能力、生产恢复能力。

VUCA 时代下，增强自身战略韧性是企业的重要任务，因为只有根植韧性基因，企业才可以及时判断威胁，规避风险，同时迅速识别机遇，借机成势。而企业韧性的构建是一个连续的过程，想要培养出基于战略优先和契合商业运行节拍的韧性，企业可以从三个方面着手：一是在运营层面的韧性，即保障企业在技术、流程和产品等方面及时迭代升级；二是在供应链上的韧性，2021 年《全球组织韧性研究》中提到，受新冠疫情影响全球 88% 的企业或多或少都经历过供应链中断危机，因此企业需要在供应链环节增强自身应对不确定性冲击的能力；三是信息韧性，包括实体、知识产权等方面，保证企业能够及时获取市场、行业以及竞争对手等利益相关者的重要信息，并不断增加自身的知识储备。此外，企业还应将增强韧性作为一项长期坚持的战略，因为具备韧性不是企业行动的终点，保持一种永续柔性的状态才是。一个有韧性的组织不是仅指企业能够度过危机、恢复正常，而是企业能够随着环境的变化而转型。正所谓"疾风知劲草，长青靠韧性"，企业生存发展的环境必定不是永远一帆风顺的，过程中时刻充满着变数，因此我们需要提前培育战略韧性，帮助我们锤炼决胜至暗时刻的核心能力，从而成为基业长青的企业。

9.3.3　创新赋能与战略韧性之间的双向互动

创新赋能和战略韧性是企业成功的两个关键要素。在前面的章节中，我们分别对二者的内涵及外延进行了介绍，但其实它们是紧密相关的。

总的来说，战略韧性使企业在面对外部环境变化时，能够保持稳定和持续发展；而创新赋能可以提高企业的战略韧性，因为创新可以帮助企业应对外部环境的变化，并提供新的机会和竞争优势。同时，创新也可以帮助企业在内部进行优化和改进，提高其自身的韧性和适应能力。因此，创新赋能是提高战略韧性的重要手段之一。

同时，两者之间还有双向互动的关系。一方面，创新赋能强调企业需要激发员工的活力，并不断进行技术上的创新与学习，这就为增强战略韧性提供了源泉和动力。创新赋能所带来的效率提升、资源分配优化及社会协同，会使得产品设计和生产过程更具柔性，这在提升企业经过不利事件冲击后恢复和反弹的速度的同时，加深了创新过程的异质性程度。另一方面，战略韧性强调企业需要增强适应变化的能力，保持一种"运动中的静止"，这就可以为企业进行创新提供相对稳定的环境。因为无论数字化韧性还是企业韧性，其实都在强调一个问题，即通过创新，更好地支持企业在 VUCA 时代和数智化时代下的生存，进而实现企业转型，最终实现高质量发展。因此一个具备韧性的企业，更能够在复杂多变的市场环境中进行赋能创新，获得增长的契机，成为行稳致远的行业领头者。

9.4　"创新赋能，战略韧性"的适用场景与落地措施

首先要明确的是，当前任何一家企业都应该立足于创新赋能和战略韧性这一管理思想。无论传统行业还是新兴行业，都需要不断地进行创新，提高自身的竞争力和市场影响力，以应对不断变化的市场环境和消费者需求。尤其在当今经济全球化和信息化的时代，企业面临的市场和竞争压力更大，只有不断创新，保持战略韧性，才能在市场中立足并获得成功。特别是对于科技行业来讲，创新赋能和战略韧性显得更为重要。一方面是因为科技行业发展速度非常快，需要不断推出新的产品和服务，满足市场需求；另一方面，科技行业的竞争也非常激烈，需要不断创新，提高产品的质量和性能，以保持竞争优势。总之，任何企业都应该重视"创新赋能，战略韧性"这一管理思想，不断提高自身的创新能力和适应能力，以取得更大的发展和成功。

而企业想要进行创新赋能和提高战略韧性，可以从以下几个方面入手：

1）建立创新文化：企业需要建立一个鼓励创新的文化氛围，让员工不断提出创新想法并将其实现。企业需要提供必要的资源和支持，如资金、技术、培训等，鼓励员工创新尝试。

2）投资研发：企业需要投入足够的资源用于研发，不断推出新产品和服务，满足市场需求和提高市场占有率。

3）开放合作：企业需要和外部合作伙伴开展合作，共同推进创新。这些合作伙伴可以是供应商、客户、创业公司、大学等，共同推进技术创新和市场化应用。

4）风险管理：企业需要建立风险管理机制，对市场和竞争环境进行

分析和预测，及时采取措施应对风险，保持战略韧性。

5）优化组织结构：企业需要不断优化组织结构，提高灵活性和适应能力，以适应市场快速变化的需求。

6）培养创新人才：企业需要积极培养具有创新能力的人才，包括技术人才、市场人才、管理人才等，以提高企业的创新能力和战略韧性。

总之，企业需要不断推进创新，建立良好的管理机制和文化氛围，投入足够的资源和支持，以及不断优化组织结构和人才队伍。只有这样，企业才能在快速变化的市场环境中立足并获得成功。

9.5　典型案例——创新赋能：从红领西服到酷特智能[⊖]

1.创业伊始，崭露头角的传统服装企业

1978 年改革开放如一缕春风席卷全国各地后，越来越多的人开始做生意。当时服装生意特别红火，于是红领西服的创始人张代理也追随这波浪潮，返乡做起了服装生意。最初他去广西石狮和浙江温州等地批发服装回山东卖，1995 年，张代理和他的弟弟张代信在山东即墨自主创立了红领企业，经营外贸加工，生产高档西服、裤子、衬衣、休闲服及服饰系列产品。

此时的服装行业也在全国经济高速发展的背景下发展起来。张代理从国外引进先进的流水生产线，依靠工业技术，实现了批量生产，生产效率大大提高，成本大大下降，在服装行业中脱颖而出。在张代理的带领下，公司一步步扩大规模，红领西服成为山东驰名品牌，1998 年一跃成为国内大型的高端西服生产基地，取得了可喜的成绩。

2.战略初调，因时而变的个性化定制路线

虽然当时的国内服装行业形势一片大好，但张代理还是隐约觉察到

⊖　本节内容来自中国管理案例共享中心，网址：http://www.cmcc-dlut.cn/Home/Index。

了隐藏在冰山下的问题。一方面，一条完整的产品线从订单处理到终端销售，环节众多，面临中间渠道的层层加价，企业投资高、成本高，中间稍有差池就可能延长产品生产周期；另一方面，随着消费者个性化需求的不断增长，传统的设计师设计的服装款式难以满足消费者的需求。张代理意识到，低成本、低价格不是服装制造业的方向，未来传统的制衣模式可能没落。于是 2003 年起，红领西服开始进行战略调整——做个性化定制西服。

在 2008 年之前，定制化生产始终无法突破"客户描述—文字传递—裁缝打版—生产制作"的旧模式。而这种模式的缺点是容易出错，文字描述下达到车间后，工人常理解错，不仅造成物料的浪费，工人对此也抱怨颇多。于是，张代理决定去研发自己的 IT 系统。经过无数次尝试，红领西服最终制定出了由"英文 + 字母 + 数字"组成的 16 位的编码。这样一来，通过字符串，就可以了解到这件衣服的组成，不同的表述自然地转化成标准化语言，每一捆衣片上都有一个存储这些编码的 RFID 芯片，每个工人面前有一个电子显示屏，扫描下衣片上独一无二的芯片就可了解要如何处理，终于通过了智能化生产的最后关卡。这个数据处理系统最终发展成为大型供应商平台 RCMTM（Red Collar Made To Measure，红领西服个性化定制）。

2011 年前后，随着大数据技术开始出现，红领西服真正打通了整套模式。慢慢地，生产车间里，纸片不见了，长条布不见了，转而出现的是具备刷卡功能的电子显示屏，一条可以生产不同西服的流水线。信息化的运作，让系统每天自动派单、自动剪裁、自动计算、整合版型，张代理将红领西服从传统的生产批量模式中解救出来，成功研发了直接从客户到生产端的 C2M 生产流程。

十年里，张代理带领红领西服，利用大数据技术和信息化技术，与客户、供应商相互合作，产品由消费者设计，企业先卖后做，与供应商合作控制原材料库存，利用红领西服这条独特的生产线生产出满足顾客需求的不同西服。2014 年在实现零库存的同时，定制业务量、销售收入和利润增长均超过了 150%，年营收超 10 亿元。

3. 结构重整，锦上添花的扁平化组织体系

对于红领西服生产车间的改造已经趋于成熟，但是张代理隐隐感觉到，企业传统的机械式的组织结构恐怕无法适应现在的定制模式。2015 年，张代理把红领西服的科层、组织、部门全部取消了，员工从各个部门走出来，变成流程上的一个个节点，每个人只剩下职务，所有人都围绕着顾客需求这个源点来工作，这就是"源点论"思想。

数据驱动要求企业取消层级，在源点论管理模式下，企业打破了原有的部门割裂的状态，改变了部门分工造成的"向领导看"的局限。以生产车间为例，原先红领西服设立了包括基层员工、班组长、工段长、车间主任、供应链总监等岗位，由上一级领导来间接分配任务，但实现了全程数据驱动之后，员工可以直接通过扫描电子标签来获取工作信息，标准化流程也让员工可以自主决策，中间层级得以取消，80% 的中层领导消失。虽然董事长、总裁以及许多管理者的职位依然存在，但他们的职责已经不再是审批，而是退居幕后，更多承担的是服务和支持工作。最终，经过不断地改革完善，红领西服实现了极致扁平化的组织体系。

从一个传统的金字塔型组织结构到最终的去领导化、去科层、去部门、去审批的极致扁平化组织体系，颠覆性的经营模式和组织结构吸引了包括华为、阿里巴巴、海尔集团在内的一万多家企业登门学习。

4. 再调战略，成功转型的智能化制造平台

2013 年，张代理组织了一次关于战略定位的会议，就公司未来发展方向展开了讨论。有人认为红领西服应该专注于个性化定制，卖一件衣服挣一件衣服的钱。也有人持不同意见，认为红领西服应该做一家科技企

业，为传统企业提供解决方案。

2014 年，张代理的女儿张蕴蓝正式推出"酷特"C2M 平台，成立酷特（中国）互联网工业科学研究院，创造了一套大工业流水线规模化生产个性化定制产品的方法，将其做成解决方案，进行编码化、程序化和一般化，命名为"SDE"（Source Data Engineering，源点论数据工程）。它为企业提供 SDE 工程和方法论，在企业原有基础上进行优化、升级，不需要更换机器设备，不需要新建厂房，不需要更换高素质员工，特别适合中小企业改造。2015 年，红领西服的大规模定制化模式逐渐成熟，开始输出到服装以外的行业，涉及鞋帽、电子产品、摩托车、自行车、化妆品等各行各业，跨界改造了 20 多个行业、60 多个项目，大批的传统制造企业经红领西服改造成了一个个智能工厂，其战略实际已经拓展到打造 C2M 生态圈这个层面。2016 年，与复星集团的牵手，让红领西服前进的步伐更加快速有力。

2017 年春节前，红领西服办公大楼上硕大的"红领"两个大字被"cotte"取代，之前耸立在红领园区巨大广告牌上的"红领"和"魔幻工厂"几个大字也都已被"酷特"取代。如今红领西服更名为酷特智能，意味着公司重心已由西服定制转向智能制造。

2020 年 7 月 8 日，深圳证券交易所的钟声敲响，青岛酷特智能股份有限公司公开发行股票 6000 万股，发行价格为 5.94 元 / 股，成功登陆 A 股创业板上市发行。这意味着酷特智能的 C2M 产业互联网商业模式获得了资本领域的公开认可，更意味着曾经的红领西服已完成华丽转身，开启了全新的发展阶段，将为更多的产业强势赋能！[⊖]

5. 案例总结与评价

从成衣制造转型为智能工厂，从红领西服到酷特智能，短短几个字变

　　⊖　本案例改编自中国管理案例共享中心。

化的背后，是酷特智能持续了数十年的一场嬗变。酷特智能的核心科技就在于数据驱动，而张代理早在十多年前就意识到了数据所能带来的巨大价值，因此进行了数据化的探索，实现了成功转型。在"互联网转型"成为中国企业的最大痛点之时，他们早已在这条路上前行了12年。

我们在前面已经讲过，创新赋能包含技术、管理和人才三个方面，红领西服的转型就是一个成功的验证。在技术层面，酷特C2M产业生态圈正是利用科技创新，打造出了SDE工程和各类定制化的数据库系统，从而颠覆了传统服装产业以及工业制造中存在的"个性化与工业化"矛盾，改变了传统的供需关系和资源配置方式。在管理和人才层面，红领西服以"源点论"思想为基础进行变革，取消层级，打破部门割裂状态，建立了数字化治理体系和治理平台，在提高决策和工作效率的同时，更是充分地还原人性、尊重员工，从而激发人才的主观能动性，让技术和人才都实现了为企业赋能。

同时，战略韧性体现在一个企业能够迅速识别机遇，并借机成势，以应对变化与挑战。张代理和女儿张蕴兰作为这家企业的掌舵人，早早就意识到了市场环境的复杂多变和数字化浪潮所带来的巨大冲击，因此他们主动求变、锐意进取，不断对传统行业的生产模式进行大刀阔斧的创新与改革，由一家传统制衣企业到现在的C2M产业互联网平台，正是红领西服根植的"韧性"精神，才让它能勇敢颠覆自身，并最终换来新生。

因此，我们有理由相信，这样一家通过创新赋能和战略韧性不断前进的企业，未来一定能成为中国C2M产业互联网平台的引领者，为国家"产业兴国、数字兴国"贡献力量！

第 10 章

顺应天时，尽显地利

在中华文化中，天时地利是一个代表成功的要素组合，它与道家哲学和儒家思想密切相关，强调个体与整个自然体系之间的关系。比如，北宋科学家沈括在其著作《梦溪笔谈》中写道："天时有愆伏。"从古至今，人们都讲究天时地利。这一传统的天时地利观弥久历新，在当代经营管理中，也发挥着巨大的作用，即"顺应天时，尽显地利"。所谓天时就是经营管理的时与势，把握天时就是把握大势、把握时机，时势是经营成败的关键。经营管理的基础要素在于识别地利，地利是企业经营条件，这种条件构成了对特定经营管理的支撑，包括经营支撑因素和经营制约因素。

10.1 传统文化中的天时地利

天时地利的意义最初来源于道家哲学。道家认为，宇宙之中有一个潜在的天道，所有的个体都是由天道塑造而成的，包括我们人类在内。因此，天时代表的是宇宙的力量，代表它对我们的影响。它包括天体的运动、地球的气候，在自己的人生中把握天时就是利用宇宙所赋予个体的特殊能力，抓住时机来达成我们的目标。天时是天道运行的规律，是成事最基本的要求。虽然很多人知道天时，但是很少有人对这一传统概念进行深入的思考和了解。天时是一个客观的概念，不会因为人的主观意志和行为而改变，即人不可能改变宇宙运行的规律，我们能做的是顺应规律。

地利，在古代是一种战略上的优势。在现代，我们指的就是环境。这个环境包括很多方面，如生态环境、城市环境、经营环境、办公环境等。生活中，我们无时无刻不跟环境在一起，或者说我们人类就是环境的产物。如果要获得成功，我们就需要善于利用地利。

在儒家思想中，天时代表的是自然环境和因素，地利代表的是地理和社会条件。这一词语常常被引用来描述条件和环境对人的影响。因此，在儒家思想中，人必须学会利用自然环境和地理条件，以实现自己的目标，取得成功，而不是孤立地追逐个人利益，过分强调个体的力量。在儒家思想中，个人的力量是不可忽视的，但个体与整个自然体系的关系更加重要。因此，只有把握天时地利，才能真正取得成功。孟子曰："天时不如地利。"他以城小而难守，而进攻者占天时，攻势强大，然而却不能取胜为例，说明占天时者不能攻破占地利者。胜者必顺应天时，尽显地利。

10.2　"顺应天时，尽显地利"的企业管理含义

天时地利是管理中至关重要的概念，它们相互关联、相互作用，决定着管理的成功或失败。在管理中，天时指的是外部环境，地利指的是内部资源环境。那么，如何理解天时地利在企业管理中的关系或联系？

1. 顺应天时，把握趋势

天时，是指社会、经济、政治、文化等方面的外部环境。企业管理者

无法改变天时，而必须根据天时变化，制定相应的管理策略。在企业管理中，天时有着举足轻重的作用。比如，企业所处的行业竞争环境、市场规模、消费者需求等都是影响企业发展的重要因素。企业管理者需要时时关注各种新技术、新产品的出现和市场的变化趋势，让企业不断地获取新鲜血液。因此，企业管理者必须与时俱进，不断地调整和更新管理策略，使企业能够在竞争中取得优势。⊖

企业只有"顺应天时，把握趋势"，才能抢占市场的有利时机。为顺应天时，企业需要对外部环境进行分析，判断企业进入市场或者抢占市场的最佳时机。外部环境包括宏观环境与产业环境，宏观环境涉及政治环境、经济环境、法律环境、技术环境、文化环境、人口环境等各方面，而产业环境则涉及产业政策、产业竞争格局等方面。通过环境分析，可得知企业所面临的机会和威胁是什么；何时借助天时进入市场；何时借助天时发起进攻，夺取市场主动权，抢占商业先机。在商场中，有很多企业把握住天时，例如在中国互联网发展初期成立的阿里巴巴，借助中国互联网快速发展，一举占据中国互联网购物市场。但是也有很多企业把握不住天时，例如在互联网快速发展的时代，线上购物逐渐成为主流，而大润发仍然发展线下的传统零售模式，直到被阿里巴巴收购后，创始人黄明端却说："我战胜了所有对手，却输给了时代。"当一个企业把握不到"天时"，即使是行业的第一，也会迅速被别人取代。

2. 制造地利，赢得未来

地利，是指企业自身拥有的资源和环境条件。企业管理者需要利用地利来实现经营目标。比如，企业拥有的技术、人力资源、市场渠道、资本等都是企业的地利。而如何利用这些资源，实现企业的目标，是成败的关键。因此，管理者必须充分挖掘企业的地利资源，加以合理利用，制定出

⊖ 席酉民，葛京，等. 和谐管理理论：案例及应用 [M]. 西安：西安交通大学出版社，2006.

更为精细的管理策略，才能够取得竞争优势。

企业可以从产品、客户、产业等多个维度打造竞争优势，构建自身地利，从而实现赢得未来。产品优势处于金字塔底层，其代表产品本身的差异化程度，在所有的竞争优势中，这是最基础的，主要体现在 4P，即产品、价格、渠道和促销。影响消费者做出购买决策的必要条件就是产品优势，由产品优势所形成的口碑效应是占领消费者心智的重要一环。产品优势可以创造影响短期收益的竞争优势缺口（GAP），但是不能创造持续高收益的竞争优势期（CAP），即产品优势缺乏持续获得高收益的能力。随着技术的快速更迭，一旦产品不能保持持续性创新，很容易丧失原本所保持的优势。客户优势处于金字塔第二层，其主要表现为客户忠诚度。针对 B2B（Business-to-Business，企业对企业）市场，要获得忠诚度的客户优势，需要在行业中拥有龙头地位的影响力。针对 C2C（Consumer-to-Consumer，消费者对消费者）市场，客户忠诚度主要来源于品牌偏爱的惯性，由品牌力和品牌忠诚度构成。品牌力与品牌忠诚度不同，品牌力是指向消费者要求额外价格支出的力量，它是以品牌忠诚度为基础的，品牌力可以获取品牌价值对产品的价格溢价，可以提升企业的 GAP，而品牌忠诚度可以维系企业与消费者之间情感联结和共鸣，增加其转移的成本，从而延长企业的 CAP。客户优势的转化需要提升 GAP 的品牌力与延长 CAP 的品牌忠诚度共同作用。产业优势处于金字塔第三层，也是由客户优势延伸到更广影响力的维度，在整个产业范围内，除了客户，还涉及了产业链上下游、合作伙伴，竞争对手。当一家企业可以支配它的供应商、合作伙伴甚至客户，进而可以决定自己产品的类型时，它就拥有了产业优势。因此产业优势主要表现在对产业价值链上下游的掌控能力，包括供应商、合作伙伴、渠道商及消费者，使价值链上的参与者具有很高的转化成本，从而在市场中占有支配地位。在带有很高转化成本的市场中占有绝对优势的市场份额，可以给潜在进入者设置难以逾越的进入壁垒，不仅拥有更大的 GAP 优势，还可以获得更为长久而稳定的 CAP 优势。

10.3　"顺应天时，尽显地利"的管理方法论

10.3.1　顺应天时

顺应天时的管理原理或机理，是基于中国传统哲学思想而形成的一种管理理念。它强调的是顺应自然的规律，将人类活动与自然环境相融合，让人类与自然和谐共生，从而实现最优化的发展效益。该原理或机理在企业的战略规划与经营管理中产生了重要的影响。首先，顺应天时要求企业审时度势。通过对环境趋势的敏锐捕捉和对自身实力的准确评估，企业能够及时调整其战略规划和经营管理，以更好地适应时代变迁和市场需求。这种准确的判断和灵活的调整，可以帮助企业避免失败，规避风险，实现持续发展。其次，顺应天时也要求企业尊重自然，保护环境。企业必须认识到其经营行为会对环境产生影响，并将其融入战略规划和经营管理当中，实现可持续的经营。它要求企业在经济增长过程中，不断提升环境保护意识，采用清洁的生产技术，降低对资源的损耗，提高资源的利用率，实现经济发展和生态保护的双赢。最后，顺应天时要求对企业外部环境进行全面把握，判断企业进入市场或者抢占市场的最佳时机。外部环境分析包括宏观环境与产业环境分析。企业可以采用 PEST 分析模型对政治、经济、社会和技术等宏观环境进行分析，还可以采用波特五力模型、产业生命周期模型对产业环境进行分析。[⊖]

（1）PEST 分析模型

PEST 分析模型是战略咨询顾问用来帮助企业检阅其外部宏观环境的一种方法。外部宏观环境又称一般环境，是指影响一切行业和企业的各种宏观力量。对外部宏观环境因素进行分析，不同行业和企业根据自身特点

⊖ DAVID F R, DAVID F R, DAVID M E. 战略管理：建立持续竞争优势（第 17 版）[M]. 徐飞，译. 北京：中国人民大学出版社，2021.

和经营需要，分析的具体内容会有差异，但一般都对政治（Political）、经济（Economic）、社会（Social）和技术（Technological）这四大影响企业的主要外部宏观环境因素进行分析，如图 10-1 所示。

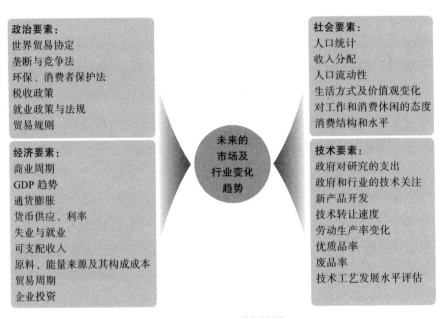

图 10-1　PEST 分析模型

（2）波特五力模型

波特五力模型将大量不同的因素汇集在一个简便的模型中，以此分析一个行业的基本竞争态势。五种力量确定了竞争的五种主要来源，即供应商的议价能力、购买者的议价能力、潜在进入者的威胁、替代品的威胁，以及来自目前行业内部的竞争。这五大竞争力量，决定了行业的盈利能力，并指出企业战略的核心，应在于选择正确的行业以及行业中最具有吸引力的竞争位置。一种可行战略的提出首先应该包括确认并评价这五种力量，不同力量的特性和重要性因行业和公司的不同而不同，如图 10-2 所示。

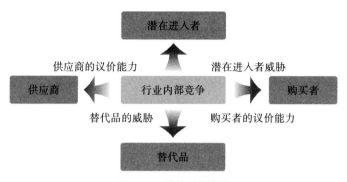

图 10-2　波特五力模型

（3）产业生命周期模型

产业生命周期仅从整个产业的角度考虑问题，可以粗略划为成熟前期（初创期、成长期）和成熟后期（成熟期、衰退期），如图 10-3 所示。在成熟前期，几乎所有产业都具有类似 S 形的生长曲线，而在成熟后期则大致分为两种类型：第一种类型是产业长期处于成熟期，从而形成稳定型的行业，第二种类型是产业较快地进入衰退期，从而迅速衰退的行业。产业生命周期是一种定性的理论，产业生命周期曲线是一条近似的假设曲线。识别产业生命周期所处阶段的主要标志有：市场增长率、需求增长潜力、产品品种多少、竞争者多少、市场占有率状况、进入壁垒、技术革新以及用户购买行为等。

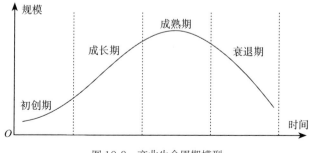

图 10-3　产业生命周期模型

10.3.2　尽显地利

"地利"是指企业在某一地理位置、某一商业区域以及某一产业集群中占据市场的有利地位。企业可以依靠自己所拥有的资源与能力进行内部环境分析，得出企业的强势与弱势，进而判断企业在某一地理位置、某一商业区域以及某一产业集群中的竞争地位。例如企业可以进行财务报表分析，看看企业是否有充足的资金用于投资与运营，增强自己的竞争能力，为抢夺市场地位打基础。企业还可以分析出自己在某一商业领域具备哪些竞争优势，是否拥有卓越的效率、卓越的品质、卓越的创新或者卓越的客户响应。

（1）企业竞争优势的来源

企业竞争优势主要来源于四个方面，如图10-4所示。首先，创新技术。企业是否具备创新技术往往对其发展有着决定性作用，这要求实现产品的功能性、独特性和超越行业平均水平的前沿性。这种优势技术将带来比一般企业更大的客户关注度和市场广度。其次，多种能力类型的人才。即便是在信息时代，各种智能化设备的出现大大降低了对人力资源的要求，具有创新能力、专业能力和组织能力的人才也仍然是这个时代难得的财富。再次，优秀的企业文化。与一些生产要素相比，企业文化的价值往往难以判断。然而，在现代企业制度中，企业文化的地位得到普遍的承认和重视。最后，品牌影响力。在商品趋同的今天，消费者很难从使用价值的角度来判断哪种产品能满足自己的需求。品牌影响力已成为左右消费者选择商品的重要因素。消费者的品牌消费习惯正在形成，发行和广告资源形成向强势品牌媒体集中的趋势。实施品牌战略，打造品牌影响力成为营销的关键点。

（2）价值创造系统

价值链模型关注企业内部的各项作业活动，目的在于通过分析以判断内部各项作业是否具有价值和竞争力，发现增加价值或降低成本的机会，从而识别和确定企业的关键成功因素，如图 10-5 所示。企业有许多资源、能力和竞争优势，如果把企业作为一个整体来考虑，又无法识别这些竞争优势，这就必须把企业活动进行分解，通过考虑这些单个的活动本身及其相互之间的关系来确定企业的竞争优势。

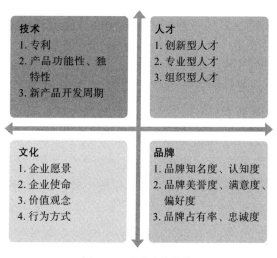

图 10-4　企业竞争优势

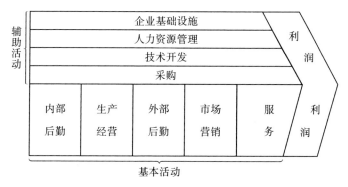

图 10-5　价值链模型

10.4　典型案例——达达辛巴达公司：服装柔性供应链引路人

达达辛巴达公司（简称"辛巴达"）成立于 2012 年，总部设于北京，并在广州、杭州、青岛分别设立分支机构，是国内第一家且唯一一家专注于服装行业的柔性供应链平台。

10.4.1　顺应天时：服装行业的系统性痛苦，带来创新机遇

（1）行业基本情况

服装制造业是重要的民生产业，是现代科技与时尚文化融合的产业。而面对当下多元挑战，无论生产型企业还是流通型企业，中国服装制造业普遍面临成本上涨、市场竞争加剧及资金短缺等问题。有些服装品牌经历着市场寒冬，高库存引发关店潮，销售业绩大幅下滑。服装属于非标品，行业未能建立统一的管理标准，存在价格战、结款难等问题，甚至陷入劣币驱逐良币的恶性循环。

服装大致可以分为两大类：功能类和时尚类。功能类服装突出基本款设计，大众化、质量好、易搭配、老少咸宜，迪伽洛是国内功能类服装的代表性品牌。而时尚类服装则强调生产个性化的潮流款式，需要小批量快速反应。两种服装定位形成了两幅迥异的产业图景，前者反映了我国服装产业的传统格局，而后者代表了我国服装产业发展的未来场景。

（2）产业链环境

传统服装产业链的基本逻辑是：第一，品牌商依靠消费数据预测流行趋势，进行服装设计，并且提前 9 个月左右下单；第二，生产厂商安排大规模生产和物流配送；第三，通过实体店或电商平台进行分销和营销，最终抵达消费者手中。然而，随着消费的不断升级，中国消费者尤其是年轻群体越来越重视个性化、时尚潮流，仅仅依靠单薄的消费数据去预测未来

9 个月的流行趋势变得越来越困难。实际上，对于现有的产业格局，上述
几个环节存在一种系统性痛苦。首先，缺少令消费者满意的好产品，消费
者越来越理性，他们有意识也有能力追求真正"适合"自己的好服装，供
应方却很难满足这种需求。其次，销售平台是痛苦的，销售平台非常希望
能够为消费者提供好的产品，实现差异化竞争，但找不到好的供应端合作
伙伴，只能在那些有限的可选择的范围内去寻找。再次，品牌商和设计师
是痛苦的，传统的品牌满足不了快时尚和个性化需求，网红电商的品质又
有很大的局限性，设计师服装的成本太高，价格无法让大众接受。最后，
生产厂商也是痛苦的，大量消费者的需求无法得到满足，众多的产能严重
过剩，这个巨大的矛盾让生产厂商痛苦不堪。

（3）行业环境应对方法

辛巴达依靠互联网的平台性，实现快速柔性供应链的构建，创新性地
构造了一个时尚服装产业链的新格局。辛巴达的柔性供应链拥有足够的弹
性，产能可根据市场需求快速做出反应，帮助服装卖家、品牌商完成了从
过去的提前 9 个月下单到现在的提前 10 天的跨越，单量柔性无论 100 件
还是上万件，均能保证平均生产周期 7.4 天，3 天大批量翻单，及时交货，
品质统一可控，将供应链对市场的柔性快速响应发挥到极致。

10.4.2 尽显地利：识别企业竞争优势

作为一家服装产业的供应链企业，辛巴达以"让世界因传统供应链的
改变而发生改变"为使命，以"帮助 10 万名优秀产业匠人，每人每年多
赚 10 万元""为 10 万家客户提供最放心省心的快速稳定的柔性供应链服
务"为愿景。

基于企业的使命和愿景，辛巴达找准自己的战略定位，以打造柔性供
应链服务平台为切入点，重塑产业价值链，打造服装产业新格局。其中，

各个角色聚焦于"好产品"这一点，从利益交换关系变成新的协作关系，相互协作、相互打磨，为整个行业重塑一个全新的产业链，而辛巴达的柔性供应链将是未来产业新格局中的基础设施之一。

辛巴达打造柔性供应链基本分为四个阶段：

第一阶段，大工厂的小组化改造。借助工厂的稳定品质和完善的管理，用小组化的组织方式和方法移植，让大工厂的生产方式更灵活。产品品质得到了保证，但组织灵活性依然不能满足柔性供应链需求，这个阶段仅维持了 8 个月。

第二阶段，小工厂的管理优化。相对大工厂，小工厂的小型组织生产方式天生比较灵活，但管理不完善，导致产品品质和交付时间均不稳定。针对小工厂，辛巴达则集中输出基于 SOP（标准作业程序）方法的管理提升方案。组织灵活性满足了，但很难保证品质的稳定性，这个阶段维持了 1 年左右。

第三阶段，全程供应链模块化。将服装供应链的每一个生产流程拆分，单个流程模块化。每个合作的小工厂只负责一个模块，这些模块包括裁剪、车缝、后整等生产流程，用以降低管理难度，提升单个模块的生产质量。这个阶段为柔性供应链沉淀了模块化的生产模板。

第四阶段，模块单元的数据化。将原本拆分的模块单元标准化和数据化，通过互联网的形式，实现平台化接单和生产的最终模型。工厂化生产的模式被打破，平台合作的单位从工厂变成了个体商家的 OEM 订单，并通过系统直接派单。原本拆分的模块单元通过互联网的形式，实现了平台化接单和生产的最终模型。

基于生产资源的整合，辛巴达目前形成了"云—网—端"的平台体系云端层面："数据 + 算法"构筑核心。辛巴达把所有订单和产能数据都模型化存储于云端，供企业人员和外部客户实时掌握。而对接"订单模型"和"产能模型"的核心则是算法，根据订单模型的规模、质量、交期要求，系统自动生成调度算法，并与最匹配的工坊配对，生成生产计划端层面，它是由四种角色构成的业务网络，包括品牌客户、产能体系、供应链专家、生产服务中心。

10.4.3　地利升级：多维度打造核心竞争力

支撑辛巴达战略定位的，是由核心资源和核心能力组成的一系列战略活动。在新产业格局塑造的初期，辛巴达所做的事情既是探索性的，也是开创性的。因此，就现阶段而言，辛巴达似乎还找不到真正的竞争对手，它通过打造核心能力以及资源的聚集来树立竞争壁垒。

（1）聚集优秀的匠人资源

"优秀的匠人资源"是辛巴达一个极为重要的资源。优秀的服装加工匠人技艺精湛，对于所从事的工作极为认真专业。辛巴达致力于建立新的生产关系，吸引、筛选、辨识目前的优秀匠人，并培养未来的优秀匠人。在辛巴达的生产平台上，用户可以根据匠人的模式和沉淀下来的数据，为这些匠人的工艺水平、能力等进行打分。另外，中国也缺少匠人的社群和文化。辛巴达对此想要做的是，将来通过企业平台，构建辛巴达的匠人社区，把这些产业工人联合起来。然后，通过资源的聚集，满足用户的需求，以此形成良性的循环。

（2）打造灵活的业务流管理

服装生产的流程很长，因此整个产业需要灵活的业务流管理。辛巴达建立了一套针对复杂业务流管理的平台系统，这个平台可以同时实现几万个订单的自计划、自组织、自跟踪。辛巴达以良性的竞争规则，激发工人的积极性。每个产能中心按照生产环节划分模块并把每一个模块标准化，通过系统评级，优先给优秀的工人派单，工人工作越积极，评分就越高，订单越多，赚钱就越多。辛巴达不是生产者，而是生产的组织者。由此，辛巴达建立起了分布式的、社会化的、由互联网连接起来的新生产关系，形成了自己独特的生产管理体系。

（3）投资智能设备，旨在成为未来服装业的质控利器

对于质控，辛巴达目前把整个生产流程分为面料、裁剪、匠人、数据模型评价、供应链专家对质量的控制这五个控制点。整个质控流程并不需要辛巴达额外的设备、人力投入，因此辛巴达并不是一个重资产企业。但辛巴达为了加强智能设备对质控的作用，对智能生产设备做出了很多先导性研发的投入，与智能设备厂商合作，进行物联网智能设备的研发，实现数字化制造、智能化生产，建立了网络化的生产设施。这些智能设备的质量更稳定、效率更高，而且每一台设备联网，工作人员可以通过辛巴达云端直接设置各种生产参数。

（4）研发核心技术与管理模式

在核心算法上，辛巴达拥有多项国家专利。作为一家创业公司，辛巴达对人的投入、对智力的投入都是巨大的，包括业务流的研发、管理系统的研发、管理能力的研发、管理方法的研发，最终要归纳到对整个行业方法论的研发。在研发阶段，辛巴达的目标非常明确：研发一整套的商业模式，以及与这种商业模式相匹配的产品、管理系统、管理体系、组织文化等。辛巴达的管理系统与管理能力、业务流系统、辛巴达的云网端，能够经得起实践的考验。

（5）战略合作促成产业新格局

现在，辛巴达已与一些对柔性供应链和产业融合有着更深刻理解的产业基金进行合作，也一直在与京东、唯品会、蘑菇街对话，共同设计如何在其平台上实现设计师价值与辛巴达价值的联动。同时，辛巴达也在研究如何从业务层面，把这些 C2C 平台与设计师和辛巴达之间的协作机制建立起来，实现业务的联动，以此重新定义和创造 C2C 平台的新价值。辛巴达与京东等 C2C 平台持续对话，其焦点主要围绕在以下几点：第一，

在 C2C 平台开辟一个长期经营的设计师频道。第二,一起摸索哪些数据对设计师设计好产品是有用的，以及怎么用。这些数据并非手到擒来，如何对数据进行采集、清洗、提炼，如何进行归纳演绎，这需要 C2C 平台、设计师和辛巴达一起探讨。今天的设计师更加年轻、更加市场化、更能贴合互联网的需求。第三，激活 C2C 平台，让其把设计师价值当成电商平台的战略之一，至少以战略分支的形式在整个平台的体系里面确定下来。

　　未来，辛巴达如果能够把设计师创业平台完整地搭建起来，输入 2C 的平台数据及消费者数据，输入后端的生产制造经验、最新的材料、最新的工艺，或许会将设计师的能力更好地发挥出来，将设计师经济推向一个全新的高度。这就将是一个完整的链条：消费者的声音、设计师的创造力、整个产业资源和生产制造的经验，都能够通过数据链条最大限度地相互融合和相互促进，最终系统性地输出好产品，打造一个全新的服装产业新生态。

第 11 章

解码中国管理模式

　　解读《路标》还得先回溯编写《路标》之缘起，从中亦可知《路标》的作者何以署名"中国管理模式 50 人 + 论坛"以及初心使命。

　　2006 年 12 月，徐少春在"2006（第五届）中国企业领袖年会"发表的"全球化时代的中国管理模式"演讲中，首次正式提出"需要认真总结中国管理模式"。2008 年 6 月中国管理模式杰出奖遴选活动正式发起。

　　2008 年 7 月 22 日，中国管理模式杰出奖第一届理事会在北京召开。时任全国人大常委会副委员长成思危先生出席，并表示："中国很多企业长期积累了很多经验，但是这些经验没有提升到理论，所以没有形成中国特色的管理模式和理论，这是很遗憾的。评奖的意义是要肯定企业在中国经济发展当中的作用，企业经营者在企业发展当中的作用；还有一个意义，要鼓励中国管理学界更多面向企业，更多地从企业实践吸取经验，鼓励中国管理学界跟企业进一步提炼管理理论。"

　　2017 年"中国管理模式杰出奖理事会"正式升级为"中国管理模式 50 人 + 论坛"。"中国管理模式 50 人 + 论坛"由陈春花与徐少春共同发起，由致力于研究中国管理模式的管理学者和有一定影响力的企业家共同组成，以"知行合一"为核心理念，以"让中国管理模式在全球崛起"为使命，致力于促进理论与实践的对话、交流与合作，推动中国企业管理进步。

　　2021 年"中国管理模式 50 人＋论坛"年度轮值主席王方华教授提出编写《路标》一书，希望对过去 15 年发掘、整理的上百家优秀企业的管理经验、管理模式进行梳理，并且吸纳其他众多具有典型意义的企业经验，形成可供借鉴的、带有路标特征的新书。此动议得到全体成员的一致赞同，并立即付诸行动。经过三年的讨论、提炼和研究，在本书内容写作完成之后，写作团队又重新访谈了部分获奖企业和学者评委，访谈的大致内容包括管理的本质、中国管理模式、中国企业家精神、面向未来的中国管理等，以此解读《路标》的内涵与外延、理论与实践，今天与明天。

11.1　管理的本质

11.1.1　管理的本质：心·管理

　　上海交通大学安泰经济与管理学院原院长王方华教授认为，所谓的管理，无论是从一项工作、一项人类的活动，或者说组织的一种基本形态来讲，就是分工、协作和效率。需要强调的是，管理的分工协作都是在一定的生活方式、文化背景以及习俗、理念的情况下来开展的。受到不同哲学理念的影响，这就有了中国管理哲学和西方管理哲学的区分。管理还必须有一定的制度、一定的流程、一定的方法和技术，那就是管理科学。我们还从实践的角度不断观察哪些分工方式比较好，哪些差一些，这是从实践经验角度的考察。从管理的本义延伸出的管理哲学、管理科学、管理实践就是《路标》这本书的基本框架。管理的理论、方法、思想、工具讲得再

多，都在管理者或被管理者的心中，心是怎么想的，其实已经把这些东西
都糅合在一起，是内心与生俱来的，或者自己已经刻骨铭心的，或者已经
变成了自己的一种生活习惯，不管怎么说，这是一种心。因此，管理的本
质是"心·管理"。

"心·管理"的"哲理"基础是中华文化的"心学"："身之主宰便是
心，心之所发便是意，意之本体便是知，意之所在便是物。""夫万事万物
之理不外于吾心"（王阳明《传习录》）。"心·管理"的内涵是：每个人认
识的世界，就是心灵体验到的一切。心有多大，世界就有多大。"心·管
理"的核心是管理者志存高远的"心境"（心志、视野、格局、愿景、使命）
以及凝心聚力的管理实践。凝心聚力的管理实践有两大层面。第一，管理
一定有一些需要共同遵守的价值观。这是凝聚人心的基础。但是，主流文
化倡导下的价值观，在不同的国家中会带来完全不同的结果。主流价值观
也会慢慢演变、演化，却不能改变凝心聚力的底层逻辑。第二，在不同的
国家、不同的文化背景下，管理是有不同的表征的。因此，我们就可以提
出，有没有可能用东方优秀的文化去改进、去弥补、去完善管理理论？
这是有可能的。"心·管理"应该是一个弥补、完善中国管理理论的重要
探索。

"中国管理模式 50 人 + 论坛"创始发起人、金蝶软件创始人徐少春也
认为，管理的本质就是"心"。无论管理几十人、几百人、几千人、上万
人，还是更多人数的团队，其实就是要把大家的心凝聚在一起，让每一个
人充分释放他的善意和潜能，所以管理的本质是"心"。管理的最高境界
就是自我管理，一个人如果能够管理好自己，或者进一步讲，管理好他自
己的心，能够以清澈的良知来应对万事万物的话，那么他所呈现的这种管
理行为就一定是积极的、正向的、充满善意的。

达实智能创始人刘磅认为管理的本质就是管理者心灵成长的过程。企
业管理哲学包含三个方面：一是核心价值观，二是企业的共同信念，三是

企业员工的行为准则。企业的管理哲学就是帮助企业明辨是非，帮助企业做各种决策的准则。

刘磅认为，经典有助于中国企业走向全球，只不过不同的企业、不同的市场，可能选择某一个更加契合自己的内容。在刘磅看来，每一部经典讲的内容都是一样的，只是从不同的视角讲，并且总结了企业成长四部曲：使命、哲学、战略和机制。对达实智能而言，在读经典过程中，收获比较大的是阳明心学，因为阳明心学讲"圣人之道，吾性自足"，人人都可以成为尧舜，这样就有了一种心的力量，有了心的力量，眼前的困难就没有什么不能克服的。

大汉控股董事长傅胜龙认为管理的本质问题是要解决人的心性问题，这种心性能让人看到人生的本质、世界的本质，这时人才会有力量。每个人心中都有良知，都走在追求良知的路上。今天遇到困难或误解不过是追求良知路上遇到的小事情。注重"良知"和"致良知"可以帮助企业家和员工建立信心，这种信心基于对社会、对他人的信任，对自身会有巨大的力量提升，最终会成就他人、成就自己。

11.1.2　管理的本质：人和组织

中国人民大学商学院毛基业教授认为，管理的对象是组织，所以一定要发挥组织的力量，让一个组织去做正确的事情，用正确的方法做事情，这就是管理的本质。

九如城创始人谈义良认为，管理的本质有三方面：

第一，作为管理者首先要更加有效地协调和利用有限的资源，比如人、财、物，因为每一个企业在发展过程中的资源一定是有限的，不可能有无限的资源。具体来说，就是在有限资源的条件下多办事，办成事，没有资源要找资源，这就是资源的协调。在只有一份资源的情况下做成五份事业，这就是管理者更加高效地利用资源。

第二，管理者要更好地解决问题，比如个人的问题、团队的问题、组织成长的问题。这需要在规划场景过程中将客户、员工、企业和社会结合起来，让每个方面都达到比较满意的结果。解决问题在尽可能满足各方要求的前提下，将过程简单化。把一个复杂的事情简单地处理好，是一个管理者很重要的能力。

第三，建设更美好的未来，要从心出发。很多时候，企业的同行者能不能变成同道者，同道者能不能变成同心者，心很重要。我们一直讲心中有无限的宝藏能够开发出来，这样一个新的能量我们称之为向上、向善。

"中国管理模式50人+论坛"联合发起人陈春花认为，管理的本质可以从几个维度去讨论，一个维度是从管理本身所承担的功能去讲，它是协同人和资源之间的各种组合来实现整个目标的工作过程，所以可以把管理理解为一个工作过程。这个工作过程和其他工作不同的地方在于它要把人和资源组合起来，让它变得有效。所以某种程度上讲，我们也常常用有效性或者效率来讨论管理的概念。

管理从另外一个维度来看，必须是一个对人能产生价值的设计，所以彼得·德鲁克说管理的本质是激发善意和潜能。在关于人的维度中，它就不仅仅是管理本身的功能，不仅仅是要实现有效性的目标，它更重要的是要借助管理，让人能够去承担责任，让人能够释放自己的能量，让人能把自己的潜能发挥出来，创造更大的价值，并因为管理，这个人有机会利他、与人合作，帮助和推动别人的进步以及自己的进步。这个应该是管理更根本性的部分。

很多人没有真的理解管理本身是一个工作过程，我们忽略了这个本质，常常会把管理当成一种权力或者一种控制，但如果理解管理其实是个工作过程，那它就应该是有陪伴、信任、合作的，这些内在的特征要表现出来。从人的维度去看，管理实际上是要把人的潜能和人的内在价值释放出来、激发出来，从某种意义上来讲，管理在更大程度上有赋能和激活的特征，这也是它最本质的特征。讲到最根本的部分，管理其实是对人负责，是让人变得更有意义、更有价值，如果管理不能对人负责，那有可能就没办法把管理的本质真正呈现出来，也就失去了管理本身的意义。

乐国林教授指出，管理的本质有很多不同的维度与看法，比如科学的视角、哲学的视角、社会的视角、文化的视角、人性的视角等，还可以关注结果的本质、过程的本质、系统的本质，等等。他从多年从事管理研究、与企业家交流学习和企业实践调研经历的角度，认为管理的本质终究离不开人和目的。管理是人类具有甚至特有的复杂活动，它必须由人执行、达人所成，也就是"人为、为人"；管理是有明确目的并可分解为若干目标的活动，目的性是管理体现其自身存在的价值——尽管不同的企业对目的的解读存在差异。

乐国林教授认为，管理的本质是以动态高效的组织方式，实现创造美好社会之目的，并增进个体之福祉。从古至今，人们从事的各种各样的管理活动，从其目的与最终效果来说都应能解决痛点问题，促进社会不断发展进步，只有这样的管理模式、制度、行为才能被保留和优化，与此相反的管理模式都要被淘汰，至少要限定在人类进步风险可控范围内。企业不断进行技术创新、产品与服务创新、商业模式创新，其核心目的就是要解决顾客痛点问题、创造顾客价值，如果顾客面临的共同问题得到解决，共同的价值得到体现，个体的福祉得以增强，那么社会进步之目的即得以实现。当然，个体福祉的增强，不仅仅包括顾客，还应包括企业的员工和其他相关社群，员工有良好的生活获得感、工作与成就获得感，这是企业管理必然要包含的本质，并且是企业创造美好社会的"必途"与结果。因此，建设美好社会并增进个体福祉，这也是管理作为人类诸多活动中独特的价值所在，即管理要善于通过形成、打造与改变组织，集合资源与智慧，用高效能的组织力量来创造社会价值和实现自身的价值。

11.1.3　管理的本质：理论联系实际

东方国际董事长童继生认为，中国管理到今天为止还没有一套完整的、大家公认的理论。中国企业家很辛苦，没有理论指导实践，只有在实践当中自己艰难地摸索。

很多中国企业家拿了一肚子的西方管理理论去指导中国的企业，结果并不理想。目前，中国管理在理论上还是不够的。

其实，中国企业的实践经过 40 多年的改革开放，已经开始不断取得成功并成熟。现在是总结中国管理理论和实践的最好时机。中国的理论界、学界、企业界有责任把中国企业管理从实践到理论进行系统的总结。

童继生认为，中国的管理理论基础有三个方面：一是中华优秀传统文化；二是中国改革开放 40 多年来的实践；三是对西方管理理论体系的合理吸收。这三个方面加在一起是完全有条件、有能力形成中国管理理论的。

11.2　中国管理模式

11.2.1　中国管理模式的特色

王方华认为，美国有最好的企业，中国也有最好的企业，单纯地进行表面化的对比，意义并不大。从中国式现代化道路来说，中国很多企业当年学美国、日本、德国，现在我们学的对象没有了，不知道学谁了。尤其在大数据下企业的运营，到底是中国学习美国还是美国学中国呢？比如电商外卖模式，到底是中国的好还是美国的好呢？所以总的来说，中国要有自信，在中国式现代化道路上尽快形成独特的中国管理模式，走出一条具有中国特色的企业发展道路。

一心堂创始人阮鸿献先生认为，中国人有中国人的特质，有中国人的文化，有中国人的基因，适合我们长期发展的、适合我们国内市场需求的就是中国管理的模式。

乐国林认为，管理有没有"模式"取决于我们如何定义模式及对模式要求的严谨性、严格程度。如果我们按照产品的技术标准、质量标准来定义管理模式的范型，那么，管理模式则可能不存在，因为管理模式不是过于具体的操作规程与参数要求，而是更为概括、有一定抽象度、富于弹性的机制或逻辑。它以若干核心要素及其关系为核心或标志，成为某一模式自身区别于其他模式的独特存在。从这个意义上来说，模式是存在的，而且针对不同的行业、对象领域、民族文化，能够形成多样化的模式。比如，我们所说的泰勒制，我们可以从科学挑选工人、工作标准、计件工资和工长管理等方面快速勾勒出泰勒制所体现的"科学管理模式"；你也可以从创客与用户价值共创、人人创业、去中心化组织、财务共赢增值、生态赋能等方面勾勒出"人单合一模式"的"海尔制"样式。

人单合一模式是中国本土企业海尔集团以中国的文化、市场、制度环境、领导力为基础土壤，并融合与适应国际化竞争而创造的一种管理模式。这说明中国管理模式是存在的，而且越来越受到国内外关注。其实，新中国成立以来，我国的企业从计划经济的工厂化管理到市场经济的公司化经营的时代更替中，产生了许多有生产效率、有影响力、有代表性的管理模式，除了海尔集团的人单合一模式，还有邯钢经验、华为灰度管理、方太文化管理模式，等等。

中国管理模式作为具有国别意义、民族文化意义的存在，我们还应厘清三种认识：一是中国管理模式应具有提升组织效率，促进社会和谐进步的价值与功效，我们不应为了"模式"而模式，不能提升产出并有助于社会和谐进步的模式，即使我们不愿舍弃，也必然被时代抛弃；二是强调管理模式的"中国"特征，并不意味着我们炒作与宣扬中国管理模式的先进性，并由此贬低其他国家、民族管理模式之落后，实际上，我们旨在更多地表达中国人自己在管理方面的创造性、贡献性、可借鉴性；三是从我们已接触到的中国企业案例、企业模式及企业家访谈来看，中国管理模式中哲学理念、集中或集体文化、英明领导、惯例或现有的规范、实用主义管理方法等似乎构成了中国管理模式之特征。

11.2.2　中国管理模式的精髓

刘磅认为，中国管理模式的精髓是"心的管理"，而致良知则是中国管理的精髓所在。以达实智能为例，中国企业家成长的第一阶段通常是为自己的物质生活水平的改善而努力；第二阶段则是带领全体员工改善物质生活水平；第三阶段是带领大家一起创造精神财富，奔向幸福生活。幸福生活是永无止境的，所以企业家的内生动力也应该是永不枯竭的，这就是自强不息、厚德载物。而且一个企业家要想能够自强不息，必须厚德载物，必须修炼自己，通过修炼自己对自身的人生有深刻的体悟。用稻盛和夫的话来讲，走的时候能比来的时候灵魂更纯净一点。那么有了对自己的追求，就可以生发出对家人、对同事、对客户的那份亏欠之心，激发出无尽的爱，这样才有力量的源泉。

毛基业认为，中国管理模式的精髓就是它特别适用于瞬息万变的复杂环境、复杂系统。中国具有全世界最动态、最复杂的市场环境，因而中国企业家最擅长在这样的环境中敏捷成长、快速掉头。中国企业家已经做得非常好、非常新颖。能够在这样复杂的环境下把握方向、做好战略管理，实施国际化、走出去，企业的内功就非常强。因此这样的环境下管理理论的发展，可以在很多领域做出重要且独特的贡献，包括动态能力、平台型组织、商业模式创新、数字化营销、产业互联网等。

远东控股创始人蒋锡培认为中国管理模式的关键是，依道而行、提升境界、利他利己、立己达人。中国管理模式的精髓还是对人心的管理。目标、欲望、人为、人心等概念背后都是跟这些有关系的。所以是否正行、正念、正能量，是否有持续的目标和好的状态，决定了最后的结果。

陈春花认为，中国管理模式如果从精髓上来讲，它必须是一种真正的产生价值的、被市场检验的、有规律的、能够沉淀出解决规律性问题和重大问题的一套方法，或者是系统，或者是知识体系。中国管理模式的精髓可以从下面几个部分来探讨：第一个部分应该是以中国企业领先的管理实践为基础。第二个部分实际上是中国的优秀文化、中国人文精神的实践以及中国智慧的融入。第三个部分是我们始终要有关于实践中重大的规律性问题的回应和解决方案，我们在理解中国管理模式的精髓的时候，它一定真的能够解决我们面对的重大问题并且能够引领未来。只有能解决这些重大的问题，又能引领未来的发展，这样的管理模式才有被普及和被应用的基础条件。

徐少春指出，用一个三角模型来表达中国管理模式的主要维度：第一个就是起引领作用的中国哲学，成功的中国管理实践一定有中国文化在里面起到核心的支撑作用，而中国文化的本质其实就是中国哲学；第二个是成功的管理实践，它本身的案例价值是有目共睹的，或者说是有共识的；第三个就是现代管理科学，成功的管理实践采用了很多先进的手段、方法和工具，所以一定是运用了现代科学的管理实践。徐少春强调在这个三角模型里中国哲学是中国管理模式的精髓。

傅胜龙认为中国管理模式的精髓是思维模式与核心价值观，中国企业和企业家的思维模式具有系统性、综合性、全面性，并且善于应用中国传统文化经典如《道德经》《周易》等，帮助自己更全面地站在不同的角度、不同的时点分析问题。当然，与西方的标准化、科学性的思维和制度化的运作相比，国内企业确实还有它的短板。另外，核心价值观，也就是推崇管理文化，是中国管理模式的另一精髓，这与中国的管理从古至今关注人，以人为本有关，中国的文化注重解决的是人的生活、人际关系、家庭与社会和谐，也就是人的意义问题。大汉集团的企业核心价值观经历了多次迭代升级，他们在公司不断发展壮大中更好地体现了人的意义与价值，解决了资本、责任、业绩、财富的关系问题。

11.2.3　中国管理模式的内核

谈义良认为，管理哲学是中国管理模式的内核。

第一，管理哲学为管理提供指导和启示，以应对挑战。因此，管理哲学是更高层面的指导原则和基本规律。只有找到这样的基本规律才能够真正迎接新的挑战。

第二，管理哲学是一种模式。比如九如城的管理哲学未来能不能在所有养老企业中推广，形成个性化的管理方法、企业文化和模式？首先，在从管理实践提炼管理哲学中，自己喜欢的管理风格能不能向更高层次的理论靠近，这个问题很关键。其次是客户和员工是否满意这样的管理哲学。九如城属于养老行业，员工不满意，客户肯定就不满意，客户满意而员工不满意也长久不了。再次，管理哲学有助于提高管理者思考和创新的能力，从而推动组织创新和发展。要让所有的管理者都学会思考。有些中层管理者说思考是高管的事情，其实不然，每个人都要学会思考，从学会思考到深度思考，这是一个过程。九如城让每一个人作为更高层面的领导者来思考这些问题。最后，管理哲学的重大作用还包括提升组织创新能力和学习能力，创新能力就是持续学习的能力，持续学习就要持续成长，持续成长见证的就是持续创新。

就中国管理哲学而言，首先中国企业在中国做任何事情都要了解中国制度、中国体制、中国道路。其次是儒家思想，特别是对我们这一代人而言，儒家思想能够应用在当代企业中是一种能力，也有人称之为儒学领导

显，民营企业面临的市场考验、技术考验、商业环境考验非常不确定，未知性、风险性更大，这就更需要也更考验着企业家的冒险精神。最后是创新能力，企业家要有很强的创新能力，企业家要解决持续、深度的创新问题，而不是盲目地别人做什么你就做什么；敢为人先只是创新精神的一点，不仅要走在前，还要能提升效率，呈现效益。

蒋锡培认为，企业家精神主要包括不忘初心的创业精神、与时俱进的创新精神、十年磨一剑的工匠精神，以及敢于奉献的利他精神。

北京工商大学前副校长谢志华教授认为，企业家精神的第一条是执着，第二条是企业家要在失败里面找到能够解决失败的方案，第三条就是企业家一定要高瞻远瞩。

香港中文大学商学院马旭飞教授认为，中国企业家精神一方面验证了经济学家熊彼特一直强调的创新，另一方面也迭代了其关于企业家精神的"原教旨主义"，即只有结合中华文化和当今中国社会发展的背景，才能对中国企业家精神有与时俱进的理解。

11.3.4　中国企业家精神的特点

陈春花认为优秀企业家大概有以下几个特点：第一，他们首先把自己融入时代的命运当中，能够真的去理解时代发展给自己的机遇，同时也明确时代发展给自己的责任。第二，他们都能够把想法、梦想转化成实际的产品、实际的业务、实际的组织系统。第三，他们有非常强的对人的认知，包括人性、人的需求、人的发展。第四，他们非常刻苦，好像不知疲倦，非常有奋斗的精神。第五，他们的学习能力很强，孜孜不倦地学习，有着看到新事物就兴奋的学习状态。第六，他们没有完全站在自己企业的角度，他们还更广泛地跟行业合作，推动行业进步，理解社会，在国家或者社会特别需要的时候，如三年新冠疫情，或者地震灾害的时候，他们都会义无反顾地挺身而出。

陈春花认为，从规模来讲，按照世界 500 强的榜单，中国企业体量足够大，但是在行业或者全球范围内具有显著影响的这个部分，可能与头部企业还有一定的距离。"强"的这个部分，可能差距会更远，因为它要求企业业务本身具有引领性，支撑业绩，同时还必须保持领袖地位。从基业长青这个维度看的话，还需要再拉长一点去检验，才可以判断这个企业是不是基业长青的。

徐少春认为，优秀企业家精神的画像可以用如下几个词来衡量：首先是担当，其次是创新，最后是艰苦奋斗，当然还可以列出很多关于企业家精神的画像。但是，企业家精神最重要的特征就是担当、创新、艰苦奋斗。具体而言，首先，作为一个企业家在带领团队经营管理活动中，一定要与这个时代赋予的历史使命，与国家、社会赋予他的历史使命结合起来，要充分体现企业家的担当，即企业存在的目的不仅仅是为自己，更是为社会、为国家、为这个时代，所以要有担当的精神。其次是创新，企业家要带领这个团队不断创新，不断开发更优质的产品，提供更优质的服务，为顾客创造更大的价值，要不断在产品、在技术、在管理上进行创新，推动这个企业的可持续成长。最后是艰苦奋斗，企业家带领企业取得了一定成功后，不要忘本，要保持一颗朴素的心，保持一颗艰苦奋斗的心，这样企业家才能够不断影响员工。企业家如果有这些品质的话就会给员工带来积极的影响，就会让企业不断前进。

企业家精神画像背后也是"心"，即爱心、匠心、感恩之心。担当是一个表象，背后是爱心，就是爱客户、爱社会、爱国家。企业家因为有这份爱心，所以愿意扛起这个历史的责任，甚至不惜牺牲很多东西，包括牺牲个人的利益，牺牲企业的既得利益，甚至付出生命的代价，这就是一种爱心。创新的背后就是匠心，匠心促使我们不断创新，不断精益求精。而艰苦奋斗背后就是一颗感恩的心，因为企业家所取得的一切，其实是这个国家、这个社会、这个时代赋予的，企业家要有一份深深的感恩的心。总之，担当、创新、艰苦奋斗是"相"，其背后是"心"。

11.3.5　中国企业家精神在管理中的作用

企业家精神在企业管理中的作用是什么？徐少春表示，就是灵魂的作用、旗帜的作用。因为有企业家精神，当你遇到困难时，你的团队就有主心骨，有灵魂，才能不畏艰难，朝着正确的方向前进。另外，企业家精神在企业管理当中其实也是播种机和发动机，它播撒好的种子，也驱动这个企业不断前进，同时也是一个催化剂，推动企业内人与人之间形成一种强有力的心与心的连接。

11.4　面向未来的中国管理

11.4.1　以确定拥抱不确定

乐国林教授认为：管理的未来事关企业的未来、人类的未来。人们对此的好奇、期待、担忧与兴奋从来没有少过。从人类简史来说，我们的先辈或许在彼时也充满同样的心绪。管理学大师德鲁克在 21 世纪尚未到来之时便已经对管理的未来提出了自己的判断，他认为知识工作的效率、自我管理将决定 21 世纪的管理贡献与价值。这一点正在被持续引证。当下，智能互联技术的快速迭代、新技术普及应用造就的创新超出了我们的预期，智能与生物技术结合让未来世界的发展更具有不确定性，这使得我们对管理的未来成为何种景象更加难以预知。尽管如此，管理的未来仍然有许多以确定拥抱不确定的工作值得人们思考。例如，无论企业还是管理者，都应把"社会责任管理"提升到与财务、人力一样重要的管理层次，社会责任不再是一种底线要求和面子工程，而是"饮食之需"；数智化技术推进及其对人工的替代，使得知识的生产、创新与整合应用成为未来管理要做的中心工作之一；分布式、自主性、自我管理的"微组织"与多生态乃至全生态的大平台组织如何共存、共创、共享、共利而又非路径依赖是未来企业治理、集群治理必然要面对的问题……

11.4.2　高质量发展

童继生认为，面向未来的中国管理应以高质量发展为抓手解决几个问题。

第一，视野问题。中国的高质量发展应该有国际视野，而不仅仅是国内视野。

第二，要明确阶段性的重点。高质量发展是一个很完整的系统过程的概念，不可能一蹴而就。必须要分阶段，根据各个企业、各个行业不同的特点，明确自己的重点。

第三，要重视道。术是千变万化的，道是不变的。中国很多企业家，无论大企业家，还是小企业家，经常犯的一个错误就是"以术替道"，而不是"以道优术"。

傅胜龙认为中国式现代化的五个方面是非常适合人类发展的需要，是实现高质量发展的必然要求。管理也要做到天人合一，现在企业经营中我们强调 ESG（环境、社会责任、治理），强调企业环境、企业的社会责任和企业的公司治理，这三者必须吻合，我们不能为了赚钱而牺牲环境、损害社会公众利益，这三者的吻合是与中国式现代化内涵完全一致的。

11.4.3　文化修心、卓越前行

徐少春认为，中国企业与世界一流企业的主要差距还是体现在产品和服务的品质上。虽然中国在各个行业、各个领域都有非常杰出的企业，世界级的企业，但是，从更全面、更广泛的意义来讲，中国企业与世界一流

企业的差距就在品质，即产品和服务的品质。这个差距背后的原因是什么呢？原因还是匠心，企业这颗匠心还不够，或者说还没有提升到一定的高度。中国企业在朝着这个方向努力，但是还有差距，归根结底是中国优秀传统文化在各行各业的落地生根开花不够。

任何企业提供的产品和服务背后是什么？一定是文化，而这个文化背后是每个企业家的这颗心，如果有一颗至诚之心、惟精惟一之心，企业的产品品质和服务就会更好。中国文化强调惟精惟一，但是学习不够、体会不够、运用不够。或者说，每一个企业家都有一颗匠心，只是还没把它修炼到很高的境界。中国企业在管理上要解决的核心问题就是对"心"的修炼不够，需要将自己的心修炼成一颗纯粹、质朴、感恩、惟精惟一的心。事实上，西方企业背后也有宗教、有信仰，世界各国的文化如果用心来衡量都是相通的。中国企业家面对这么好的中国优秀传统文化，为什么不去学习它呢？为什么不去实践它呢？现在具备了这个条件，应该学习中国优秀传统文化，实践中国优秀传统文化，这样就能实现中国企业更大的发展。

致　　谢

本书的策划、编写、修订，得到了"C50+"成员全面、全过程的参与和支持。在此我们对为《路标》出版做出贡献的"C50+"成员和特邀创作人员表示深深的感谢。正是因为你们的努力和付出，本书才得以成功出版。

首先，我们要感谢为《路标》出版做出特别贡献的部分"C50+"成员（按姓氏笔画排序）：马旭飞、王方华、毛基业、乐国林、吕力、阮鸿献、刘磅、苏勇、陈春花、谈义良、徐少春、曹仰锋、谢志华、傅胜龙、童继生、蒋锡培。感谢你们提供宝贵的意见和建议，使本书更加贴近中国管理实践，更有理论高度。本书是"C50+"成员集体智慧的结晶。你们突出的专业知识和丰富的实践经验对本书的质量起到了至关重要的指导作用。我们还要感谢"C50+"秘书处的曾昊和丁威旭两位博士，感谢你们在本书的创作和整个出版过程中高效的组织和协调，确保本书能够更好地呈现，并在本书从策划到出版的整个过程中做出积极贡献。

其次，我们要特别感谢特邀创作、编撰人员（按姓氏笔画排序）：王莉、许雷平、李元旭、范小军、周朝民，感谢你们为本书的内容和观点提供宝贵的支持。你们的专业知识和独特见解使本书与众不同。感谢你们的热情参与和卓越贡献。

再次，我们要特别感谢三家企业：深圳达实智能股份有限公司、长城物业集团股份有限公司和金蝶软件（中国）有限公司，是你们的支持与赞助，让本书得以顺利出版。你们在本书的推广和宣传中起到至关重要的作用。

最后，我们要感谢机械工业出版社，编辑们认真细致的把关、积极的参与、不遗余力的支持，是本书得以顺利出版的重要因素，谢谢你们。

中国管理模式50人＋论坛